Antología breve del cuento moderno chino

1ra. edición, octubre 2015
ISBN: 978-1517435233

Antología breve del cuento moderno chino

Esta publicación fue realizada con el estímulo del Programa de Apoyo a la Traducción (PROTRAD) dependiente de instituciones culturales mexicanas.
La revisión estuvo a cargo de Liljana Arsovska

Dirección editorial: Sidharta Ochoa
Diseño de portada: CPR Studio, 2015
Diseño de interiores: Érika Aguilar Alvarado

Antología breve del cuento moderno chino

A.A.V.V.

Traducción de Alonso Coronado

Presentación

La literatura moderna china se enmarca dentro del periodo que va del inicio del Movimiento de la Nueva Cultura (1917), a la proclamación de la República Popular China (1949), coincidiendo con la propuesta de una revolución en el campo de las ideas, y que culminó en el triunfo de una revolución social que afectó profundamente a toda la nación. Aunque esta época estuvo plagada de conflictos armados e inestabilidad política, fue también una etapa de profundas transformaciones en las distintas esferas de la sociedad china, así como en las áreas del pensamiento, el arte y la cultura. De igual modo, la literatura de este periodo encarna características completamente distintas e innovadoras, apareciendo no sólo como una expresión del proceso de modernización de la China de la época, sino como el origen mismo de muchas de sus transformaciones.

La presente antología reúne nueve relatos escogidos de la pluma de cuatro autores representativos del periodo moderno (Lu Xun, Yu Dafu, Xu Dishan y Xiao Hong). A través de ellos, es posible echar una mirada a las condiciones de vida de los diferentes sectores de la población china durante la primera mitad del siglo XX, incluyendo al campesinado, la pequeña burguesía y las clases bajas de las grandes ciudades. Además, podemos apreciar a detalle distintos elementos del anquilosado pensamiento confuciano y de la tradicional cultura patriarcal que tanto contribuyeron al atraso tecnológico y al rezago cultural que experimentó China ya desde el siglo XIX, y que terminarían abonando a la gestación de las distintas corrientes revolucionarias.

Es preciso mencionar que este proyecto, que consiste en un trabajo de traducción directa del chino al español, es apenas un primer esfuerzo por acercar al lector de habla hispana con la literatura moderna china, la cual, en comparación con la clásica y la contemporánea, permanece relativamente inexplorada en América Latina. El traductor y compilador de esta obra espera que su modesta contribución sirva a los lectores como una herramienta para acrecentar su curiosidad sobre la historia china del siglo XX, y sea vista por los colegas dedicados al estudio de los campos afines a la sinología como una invitación para abundar en la discusión sobre los diversos retos y tareas que presenta la traducción literaria del periodo en cuestión.

Por último, solo queda expresar el más sincero agradecimiento a todas aquellas personas que contribuyeron a la publicación de esta antología: al profesor Li Weidong, por su orientación en el análisis de los textos originales, así como su constante disposición para resolver todas las dudas que surgieron durante la traducción; a la doctora Liljana Arsovska, por sus valiosísimas aportaciones durante el proceso de corrección.

Alonso Coronado

Kong Yiji

El diseño de la taberna de Luzhen[1] era distinto al de otros lugares: todo estaba ocupado por un gran mostrador en forma de escuadra que daba a la calle. Detrás de la barra había siempre preparada agua caliente; en cualquier momento podía calentarse el licor[2]. Los que eran obreros, cerca del mediodía o del anochecer, al salir del trabajo, con frecuencia gastaban cuatro *wen*[3] y compraban un tazón de licor (esto era hace veinte años, ahora el precio de cada tazón se ha incrementado a diez *wen*). De pie sobre el mostrador, bebían su licor caliente mientras descansaban; si estaban dispuestos a gastar un *wen* más, entonces podían comprar un plato de brotes de bambú hervidos con sal, o de habas sazonadas con anís estrellado para acompañar el licor; si pagaban más de diez *wen*, entonces podían comprar un platillo con carne, pero estos clientes la mayoría eran de manga corta[4], seguramente no podían darse ese lujo. Solamente los de manga larga, sólo ellos entraban con desenfado por el frente de la taberna al cuarto contiguo, ordenaban licor y comida, y se sentaban con calma a beber.

Desde que tenía doce años, comencé a trabajar de mozo en la taberna Xianxiang que está a la entrada del pueblo. El patrón dijo que me veía demasiado torpe; no creyó que pudiera atender a los clientes de manga larga, así que me puso afuera a que me ocupara de algunas

1 *Luzhen* es el nombre de un pueblo ficticio que Lu Xun utilizó como escenario para muchas de sus historias. *Lu* es el apellido del autor y *zhen* puede traducirse como "pueblo": literalmente "el pueblo de Lu". Lu también hace referencia al Estado Lu, lugar donde nació y vivió Confucio.

2 En este caso, "licor" se refiere al denominado Huang Jiu, bebida alcohólica elaborada a partir de grano de arroz, mijo o trigo, que se consume caliente.

3 Unidad de medida de la época, utilizada para designar una moneda de cobre con un orificio cuadrado al centro.

4 La distinción entre "manga corta" y "manga larga" hace referencia a dos tipos de estatus sociales distintos. Los caballeros de "manga larga" (llamados así por que vestían ropajes holgados y largos) eran los hombres letrados de la época, los cuales gozaban de privilegios que no tenía la gente común (los de manga corta). Para ser caballero de manga larga había que formar parte de la nobleza o alcanzar dicha distinción aprobando los exámenes imperiales.

tareas menores. Afuera, los clientes de manga corta, aunque hablaban con facilidad, muchas veces se perdían en un parloteo incesante y sin sentido. A menudo pedían ver con sus propios ojos cómo el licor era extraído del cántaro, comprobar que al fondo de la tetera no hubiera agua, después seguir de cerca la tetera mientras se le sumergía en el agua caliente, y sólo entonces podían estar tranquilos: bajo esta supervisión tan estrecha, rebajar el licor con agua era muy difícil. Por lo tanto, pasados unos cuantos días, el patrón dijo que yo tampoco servía para eso. Gracias a que el que me recomendó era influyente, no me podían despedir, así que me sólo me reasignaron al aburrido trabajo de calentar el licor.

A partir de entonces me pasaba el día entero de pie frente al mostrador, atendiendo mis deberes. Aunque nunca desatendía mi oficio, siempre me pareció un tanto monótono, un tanto aburrido. El patrón era de un semblante áspero, los clientes, gruñones, no se animaban con nada; sólo cuando Kong Yiji llegaba a la taberna podían soltar algunas risas, por eso todavía me acuerdo.

Kong Yiji era el único cliente de manga larga que bebía de pie. Era muy alto y de tez pálida; entre sus arrugas se mezclaban varias cicatrices; lucía un bigote y una barba canosos y enmarañados. Aunque vestía manga larga, sus ropajes estaban sucios y rotos, como si no hubieran sido remendados en más de una década; tampoco lavados. Siempre que hablaba con alguien, se le llenaba la boca de una jerga literaria pedante e incomprensible, que dejaba confundido al interlocutor. Como se apellidaba Kong, la gente simplemente eligió al azar la frase sin sentido shang da ren kong yi ji que aparece en los cuadernos de caligrafía de los niños5, y le apodaron Kong Yiji.

5 El sistema de escritura chino se compone de caracteres y no de letras. Para llegar a dominarlo, los niños comienzan a practicar su escritura desde una edad muy temprana. *Shang da ren kong yi ji* hace referencia a los caracteres 上 大 人 孔 乙 己, los cuales, por su simpleza, aparecen en los cuadernos de escritura de los niños para ayudarlos a practicar los trazos. Los caracteres *Kong Yi Ji* en esa combinación no poseen significado alguno. El apodo cobra entonces relevancia dentro de la historia ya que, al igual que la mayoría de las palabras del personaje, carece de sentido. Por otro lado, si se entiende por *Kong Yiji* un nombre propio en vez de un simple apodo, es importante notar que el apellido *Kong* hace referencia a Confucio y el nombre *Yiji* es la combinación de un tronco celeste y una rama terrestre, ambos símbolos de la "rancia

En cuanto Kong Yiji llegó a la taberna, los clientes se rieron al verlo, hubo quien le dijo: "Kong Yiji, ¡ya traes en la cara nuevas cicatrices!". Él no respondió, se dirigió al mostrador diciendo: "Dos tazones de licor y un plato de habas". Acto seguido sacó nueve wen. Alguien le gritó adrede: "¡Seguro ya te volviste a robar algo!". Kong Yiji respondió abriendo bien grandes los ojos: "¿Cómo es que te atreves a ensuciar sin fundamento el honor de las personas?...". "¿Cuál honor? Yo antier vi con mis propios ojos cómo te robaste los libros de la familia He y cómo te colgaron y te azotaron por ello". A Kong Yiji se le subieron los colores al rostro, todas las venas de la frente se le hincharon, alegó: "Hurtar libros no puede ser considerado robo... ¡Hurtar libros es asunto de los hombres letrados! ¡¿Se puede considerar robo?!". Lo que le siguió fue una palabrería complicada y difusa, que si el "el sabio que es feliz en la pobreza", que si tal o cual clásico confuciano, provocando las carcajadas de la multitud: el interior y el exterior de la taberna se llenaron de una atmósfera alegre y viva.

Alguna vez escuché a alguien contar en privado, que Kong Yiji originalmente también se había dedicado al estudio, pero que al final no logró aprobar los exámenes imperiales para volverse xiucai6 y no tenía modo alguno de ganarse la vida, por lo tanto se fue hundiendo más y más en la pobreza, hasta el punto de casi llegar a recurrir a la mendicidad. Por fortuna tenía buena caligrafía, así que copiaba libros para otras personas a cambio de un plato de comida. Por desgracia también tenía un carácter irritable; le gustaba beber pero le daba pereza trabajar. No alcanzaba a estar sentado unos cuantos días cuando de pronto desaparecía junto con los libros, el papel, la tinta y el tintero. Así pasó varias veces, y los clientes se le terminaron. Kong Yiji no tuvo opción, no pudo evitar comenzar a hurtar de vez en cuando. No obstante, en nuestra taberna él era el más íntegro de

---

tradición china", muy criticada por Lu Xun.

6 El sistema de exámenes imperiales se practicó en la China imperial entre los años 606 y 1905 y consistía en una serie de pruebas que servían para seleccionar a los candidatos a funcionarios. Distintos niveles otorgaban distintos grados, el grado de *xiucai* era equivalente al de "licenciado" en occidente, y venía acompañado de ciertos privilegios en la sociedad. El contenido de los exámenes estaba formado en gran medida por conocimientos acerca de la historia de China y de la doctrina confuciana, además del modo correcto de escritura de miles y miles de caracteres.

todos, nunca arrastraba las deudas; algunas veces no tenía dinero y se anotaba temporalmente en el pizarrón, pero no pasaba un ni un mes y liquidaba su deuda, entonces borrábamos su nombre de la pizarra.

Kong Yiji bebió medio tazón de licor; su rostro enrojecido fue retornando poco a poco a su color original. Los demás siguieron preguntándole: "Kong Yiji, ¿de verdad sabes leer?". Kong Yiji miraba a los que lo interrogaban, de su rostro afloró una expresión de desdén. Ellos prosiguieron diciendo: "¿Cómo es que no llegaste a ser ni medio *xiucai*?". Kong Yiji se mostró de inmediato abatido y desanimado, le cubrió el semblante un tono gris; murmuró unas cuantas frases complejas e incomprensibles. En este momento, la multitud volvió a estallar en risas: la atmósfera desbordaba júbilo y vivacidad.

En momentos como esos, yo me podía reír junto con los demás sin que el patrón me hiciera ningún reproche. Es más, cuando el patrón veía a Kong Yiji, a menudo lo interrogaba del mismo modo para provocar la risa de la multitud. Kong Yiji sabía ya que con ellos no se podía conversar, así que no le quedaba otro remedio que hablar con los niños. Una vez me dijo: "¿Has ido a la escuela?". Asentí quedamente con la cabeza. Dijo: "Con que has ido a la escuela... Te voy a poner a prueba. El carácter *hui* de la palabra *huixiang dou*[7], ¿cómo se escribe?". Pensé: "Alguien que anda igual que un limosnero, ¿me va a poner a prueba a mí?". Simplemente me di la vuelta y dejé de prestarle atención. Kong Yiji esperó un largo rato, finalmente me dijo de forma sincera: "¿No lo sabes escribir, verdad? Te enseño, ¡anota! Estos caracteres hay que anotarlos. En el futuro cuando seas patrón, te van a servir para llevar las cuentas". Reflexioné que entre el patrón y yo aún existía una diferencia de clase muy grande, además de que nuestro patrón nunca anotaba la palabra *huixiang dou* en la cuenta. Entre divertido y fastidiado, respondí con pereza: "¿Quién te pidió que me enseñaras? ¿Qué acaso no se escribe con un *caotou* arriba y un *hui*[8] abajo?". Kong Yiji se mostró sumamente feliz, golpeteaba el mostrador con las uñas

---

7 *Huixiang dou* (茴香豆) es el nombre de las habas sazonadas con anís estrellado. En chino, una misma sílaba puede corresponder a muchos caracteres distintos. Así, el carácter *hui* de la palabra *huixiang dou* no es el mismo que el carácter *hui* de otras palabras.

8 Aquí, el personaje explica el modo correcto de escribir *hui* (茴), el cual se forma de un *caotou* o radical de pasto (艹) arriba, y un hui (回) abajo.

de dos dedos y asentía con la cabeza. "¡Correcto! ¡Correcto!... El carácter *hui*, a su vez, tiene cuatro maneras de escribirse, ¿sabes?". Comenzaba a impacientarme cada vez más. Me alejé de ahí torciendo la boca. Kong Yiji acababa de mojar su uña en el licor y se disponía a escribir los caracteres sobre la barra; al ver que yo no tenía ningún interés, soltó un suspiro y el rostro se le inundó de una expresión triste y lastimera.

Algunas veces, los niños de la cuadra escuchaban las risas y, sumándose al bullicio, rodeaban a Kong Yiji. Él les daba algunas habas para que las comieran, una por niño. Cuando se las acababan no se iban, se quedaban ahí, viendo fijamente a su plato. Kong Yiji comenzaba a ponerse muy nervioso. Extendía los dedos cubriendo el plato, se agachaba y les decía: "Ya no hay muchas, ya no me quedan muchas". Se enderezaba y miraba de reojo las habas, negaba con la cabeza repitiendo: "¡Ya no hay muchas! ¿Es que acaso quedan muchas? ¡Ya no quedan muchas!". Entonces, el grupo de niños se alejaba entre risas.

Kong Yiji entretenía de este modo a los demás, pero cuando no estaba, los demás seguían su vida igual que siempre.

Un día, alrededor de dos o tres días antes del Festival de Medio Otoño[9], el patrón se encontraba haciendo las cuentas pausadamente, cuando de pronto tomó el pizarrón y mencionó: "Hace mucho que Kong Yiji no viene. ¡Aún me debe diecinueve *wen*!". Hasta ese momento caí en cuenta de que en verdad hacía mucho que no venía. Uno de los clientes explicó: "¿Cómo va a venir?... Le rompieron las piernas". El patrón dijo: "¡Ah!". "Como siempre, andaba robando. Está vez se volvió loco, se metió a robar a la casa del *juren*[10] Ding. Las posesiones de la familia Ding, ¿acaso hay quien pueda a robarlas?". "¿Y luego? ¿Qué pasó?". "¿Qué pasó? Primero escribió su confesión, luego lo azotaron, lo azotaron todo el día, luego le rompieron las piernas". "¿Y después?". "Después, pues le rompieron las piernas". "Se las rompieron… ¿Y luego?". "¿Luego?... Quién sabe, a lo mejor se murió". El patrón ya no volvió a preguntar; siguió haciendo las cuentas pausadamente.

Pasado el Festival de Medio Otoño, el viento otoñal se tornaba

---

9 Festividad celebrada el día 15 del mes 8 del calendario lunar (calendario chino).

10 Grado equivalente al de "maestro" en occidente, superior al de xiucai. *Juren* Ding puede traducirse como "el maestro Ding".

cada día más frío, comenzaba a anunciarse el inicio del invierno; me la pasaba el día entero junto al fuego, también tenía que usar un abrigo grueso de algodón. Una tarde en que no había ni un solo cliente, me encontraba sentado con los ojos cerrados. De pronto escuché una voz que decía: "Un tazón de licor caliente". Aunque la voz sonaba sumamente baja, se escuchaba muy familiar. Abrí los ojos pero no vi a nadie. Me levanté y miré hacia afuera: ahí se encontraba sentado Kong Yiji, al pie del mostrador, recargado contra el marco de la puerta. Su cara estaba ennegrecida y adelgazada, se veía en muy mal estado; vestía un abrigo muy delgado y roto, tenía las piernas enroscadas sobre una bolsa de junco que estaba sujeta a sus hombros por medio de cuerdas de paja; en cuanto me vio volvió a decir: "Un tazón de licor caliente". El patrón dijo asomando la cabeza: "¿Kong Yiji? ¡Todavía me debes diecinueve *wen*!". Kong Yiji miró hacia arriba y dijo con tono abatido: "Emm... Deja que liquide mi deuda la próxima vez que venga. Está vez traigo dinero. Que sea buen licor". El patrón le dijo riendo como siempre: "Kong Yiji, ¡ya te volviste a robar algo!". Pero esta vez no se defendió ni alegó nada, sólo se limitó a responder: "¡No te burles!". "¿Burlarme? Si no es que andabas robando, ¿cómo es que te rompieron las piernas?". Kong Yiji dijo con voz queda: "Me las rompí en una caída, una caída... Me caí...". Su mirada parecía suplicarle al patrón que ya no hablara del tema. Para entonces ya se habían juntado varias personas, todos reían junto con el patrón. Calenté el licor, lo llevé y lo puse en el marco de la puerta. Sacó de su bolsillo roto cuatro *wen* y me los dio en la mano. Noté que su mano estaba llena de tierra y mugre, la razón es que usaba precisamente esa mano para arrastrarse. Pasó un rato, se acabó su licor; otra vez entre las risas de la multitud, sentado y con ayuda de su mano, se fue alejando lentamente.

Después de aquella vez, volvió a pasar un largo tiempo sin ver a Kong Yiji. Llegado el fin de año[11], el patrón dijo tomando el pizarrón: "¡Kong Yiji todavía me debe diecinueve *wen*!". Al llegar el Festival del Bote Dragón[12] el año siguiente, volvió a decir: "Kong Yiji todavía me debe diecinueve *wen*!". Al llegar el Festival de Medio Otoño ya no dijo nada,

---

11 "Fin de año" se refiere al fin de año conforme al calendario lunar, el cual coincide con el inicio del Festival de Primavera o "Año Nuevo Chino".

12 Festividad celebrada el día 5 del mes 5 del calendario lunar.

volvió a llegar el fin de año y seguimos sin verlo.

Yo hasta este momento no lo he vuelto a ver; tal vez Kong Yiji en verdad murió.

Febrero de 1919.

Ofrenda

El fin de año del calendario viejo es, después de todo, lo más parecido al fin de año, pues ya no digamos en las aldeas y en los pueblos, sino que hasta en el aire aparece una atmósfera que anuncia al Año Nuevo. Entre las pesadas nubes cenizas de la tarde aparecen constantemente destellos de luz, seguidos de un ruido sordo: son los petardos que despiden al dios de la estufa[1]. Los que truenan cerca son todavía más intensos; el ruido ensordecedor aún no cesa cuando el aire ya se ha llenado de un tenue olor a pólvora.

Era justo en esta noche que volvía yo a mi pueblo natal Luzhen[2]. Aunque digo mi pueblo natal, hace tiempo que dejé de tener un hogar ahí, por lo que me tuve que hospedar temporalmente en casa del abuelo Lu Si[3]. El abuelo Si era de mi familia, una generación más grande que yo, por lo tanto me correspondía llamarle "Tío Si"; era un viejo intelectual que se adscribía a la Escuela de la Razón[4]. Lo encontré exactamente igual que antes, sólo que un poco más viejo, aunque aún no se dejaba la barba. En cuanto nos vimos intercambiamos saludos,

---

1 El "dios de la estufa" o *Zao Shen*, era llamado así porque era costumbre entre las familias colocar una imagen o una representación suya en la cocina, cerca de la estufa. Zao Shen era concebido como un enviado del cielo, cuya tarea consistía en observar el comportamiento de la familia durante el transcurso del año, al cabo del cual debía regresar a reportar lo que había visto. Se le despedía cada año con petardos, unos días antes del Año Nuevo.

2 *Luzhen* es el nombre de un pueblo ficticio que Lu Xun utilizó como escenario para muchas de sus historias. *Lu* es el apellido del autor y *zhen* puede traducirse como "pueblo": literalmente "el pueblo de *Lu*". Lu también hace referencia al Estado Lu, lugar donde nació y vivió Confucio.

3 En la China rural de la época, era costumbre referirse a la gente en relación al rol o la posición que ocuparan dentro de su familia. Así, "abuelo Lu Si" (*Si* significa "cuatro" en chino) se refiere a un hombre de edad avanzada que es el cuarto hijo de la familia Lu.

4 "La escuela de la razón" o *Lixue*, también conocida en occidente como Neoconfucianismo, es una doctrina filosófica influenciada por el confucianismo, que se originó durante la dinastía Tang. Fue un intento de crear una forma más racionalista y secular del confucianismo, al rechazar los elementos supersticiosos y místicos que habían influido en él durante y después de la dinastía Han.

después de intercambiar saludos me dijo que me veía más gordo, después de decirme que me veía más gordo se puso a maldecir a los reformistas. Yo sabía que no era tanto a mí a quien maldecía como a Kang Youwei[5], sin embargo la conversación no era muy amistosa, así que no había pasado un rato cuando ya sólo quedaba yo en el estudio.

Al día siguiente me levanté muy tarde. Después del almuerzo, salí a visitar a algunos familiares y amigos; al tercer día, igual. Ninguno de ellos ha cambiado demasiado, sólo están un poco más viejos; dentro de los hogares todos sin excepción están ocupados preparando la Ofrenda de Año Nuevo. Esta es la gran ceremonia de fin de año de Luzhen: rendir tributo y recibir al dios de la prosperidad, pedirle buena fortuna para el año entrante. Hay que matar a los pollos y a los gansos[6], comprar carne de cerdo y lavarla minuciosamente; a las mujeres se les remojan los brazos hasta teñirlos de rojo y, además, algunas portan brazaletes de plata enroscada. Después de hervirla, a la carne se le clavan algunos palillos de forma aleatoria. Al resultado se le conoce como el "tributo", el cual se exhibe al amanecer junto con velas e incienso, invocando al dios de la prosperidad a que deguste el festín. Los que ofrendan son sin embargo, únicamente varones; al terminar la ofrenda, naturalmente continúan los petardos. Cada año es lo mismo, cada familia hace lo mismo —siempre y cuando sea el tipo de familia a la que le alcanza para la ofrenda y los petardos—. Este año, naturalmente, también es lo mismo.

El cielo está cada vez más oscuro. A media tarde, inesperadamente, ha comenzado a nevar.Los copos de nieve tienen el tamaño de flores de ciruela, bailan por el aire inundando el cielo, mezclándose con la bruma y la atmósfera afanosa, volviendo a Luzhen un desorden. Cuando volví al estudio del tío Si, las tejas del techo estaban cubiertas de nieve. Había también cierto brillo al interior de la casa. De los manuscritos de la pared, sobresalía resplandeciente el gran carácter *Shou* escrito por Chen Tuan[7].

---

5 Kang Youwei fue un académico y reformista social chino, figura clave en el desarrollo intelectual de la China moderna.

6 "Matar a los pollos y a los gansos" es un refrán chino que se refiere a matar los animales que se consumirán después en un festín o celebración.

7 Chen Tuan fue un legendario sabio taoísta de quien se dice que alcanzó la inmortalidad. Reproducciones de carácter *Shou* (longevidad) escrito por él, se cuelgan en algunas casas para atraer salud y larga vida.

Uno de los rollos se había desprendido y yacía enrollado holgadamente sobre la larga mesa; el otro permanecía y en él se leía la inscripción "Al comprender los menesteres del mudo se alcanza la paz interna"[8]. Con cierta pereza, me acerqué a la ventana a echar una hojeada a los libros del escritorio, sólo encontré lo que parecía un volumen incompleto del "Diccionario del Emperador Kang Xi", un volumen de "Anotaciones Sobre el Pensamiento Moderno" y un ejemplar de "Guía de los Cuatro Libros"[9]. De cualquier modo, he decidido que mañana me voy de aquí.

Además, tan sólo el recuerdo de ayer, cuando me encontré a la cuñada Xianglin, hace que me sienta intranquilo. Aquello fue en la tarde. Llegué al lado este del pueblo a visitar un amigo. Cuando iba saliendo, me la encontré justamente a la orilla del río; además en cuanto vi sus ojos bien abiertos, mirándome fijamente, supe que sin duda caminaba con dirección hacia mí. De entre la gente que he visto en esta ocasión en Luzhen, incluso si han cambiado, ninguno ha cambiado tanto como ella: su pelo, que hace cinco años comenzaba a encanecer, ahora se ha quedado completamente blanco, no parece en lo absoluto una persona de alrededor de cuarenta; tenía el rostro terriblemente demacrado, con manchas amarillentas y negras, además se le había extinguido aquella expresión afligida de antes, ahora parecía que su rostro era de madera; sólo porque sus pupilas se movían ligeramente de vez en cuando, es que daba señales de seguir estando viva. En una mano llevaba una canasta, adentro un tazón roto, vacío; con la otra mano se apoyaba en un bastón de bambú más alto que ella, la parte inferior del bastón tenía una ruptura: claramente se había convertido en una pordiosera.

Me detuve en seco, preparándome para cuando me viniera a mendigar.

—¿Regresaste? —me preguntó primero.

—Sí —contesté.

—Qué bien. Tú eres un hombre letrado, también has viajado, has visto el mundo. Deja que te pregunte algo.

---

8 Traducción aproximada del texto original en chino clásico: 事理通达心气和平.

9 Aquí se mencionan textos básicos para el estudio del confucianismo y de la Escuela de La Razón. Nombres originales: 《康熙字典》, 《近思录集注》, 《四书衬》.

Sus ojos apagados brillaron de pronto. Yo no me esperaba que ella dijera algo semejante. Me quedé pasmado.

—Este… —se acercó dos pasos, bajó la voz y me dijo como en secreto—. Después de que una persona muere, ¿es cierto o no que hay alma?

Me quedé horrorizado. Al ver sus ojos clavarse en los míos, sentí como si me clavaran púas en la espalda, todavía más angustiado que cuando en la escuela toca un examen sorpresa para el cual no estás preparado y el profesor está parado justo a tu lado. Sobre si el alma existía o no, era un asunto que jamás me había interesado en lo más mínimo; pero en ese instante, ¿cómo contestarle a ella? En una vacilación que no duró más que un segundo, pensé que la gente de por aquí usualmente cree en el alma, y sin embargo ella dudaba, o tal vez sería mejor decir esperaba: esperaba que existiera, y al mismo tiempo esperaba que no. Qué necesidad de aumentar la carga de una persona en sus últimos años. En lo que se refería a ella, era mejor decir que existía.

—Igual y sí existe… Yo digo —contesté entonces, mascullando.

—Entonces… ¿Entonces también hay infierno?

—¡Ah! ¿Infierno? —me quedé sorprendido. Sólo me restaba tratar de evadir la pregunta—. ¿Infierno? En teoría, también debe de haber… Sin embargo, no necesariamente… ¿A quién le importan esas cosas?...

—Entonces, los miembros de una familia que mueren, ¿pueden todos reencontrarse?

—Oh, ¿que si pueden reencontrarse?…

En ese momento, me di cuenta que había sido un tonto. Ni mi titubeo ni mi reflexión habían podido hacer frente a tres simples preguntas. Me acobardé al instante, me dieron ganas de tragarme las palabras que acababa de decir.

—Eso es… En verdad, yo no podría decirlo… En realidad, sobre si existe o no el alma, eso tampoco lo podría asegurar.

Aproveché que ella ya no me acosaba con preguntas y me alejé con premura, huyendo rápidamente de regreso a la casa del tío Si. Me sentía muy perturbado. Medité: quizás mis respuestas habían sido un poco peligrosas para ella. Seguramente los festejos a su alrededor la habían hecho sentirse sola, pero ¿era posible que sus preguntas tuvieran algún otro significado? ¿Habría tenido algún tipo de premonición? En caso de que hubiera algún otro significado y que, como resultado, algo sucediera, entonces mis respuestas me adjudicaban cierto grado de responsabilidad... Sin embargo, terminé por reírme de mis propias conjeturas. Se trataba de un encuentro fortuito, un asunto sin mayor importancia ni trascendencia, y ahí estaba yo, quebrándome la cabeza. No era de extrañar que ciertos educadores me llamaran neurótico. Además, claramente dije que no estaba seguro, cancelando así la totalidad de mi respuesta. Aun si pasaba algo, no tendría la más mínima relación conmigo.

"No estoy seguro" en una frase extremadamente útil. Con frecuencia los jóvenes, inexpertos y temerarios, se atreven a resolver las dudas de la gente o a recomendarles algún doctor. En caso de que el resultado no sea positivo, casi siempre se convierten en blanco de ataques y reclamos, pero basta con finalizar cualquier consejo con un "no estoy seguro" para quedar liberado de cualquier responsabilidad. En ese momento, sentí más que nunca la necesidad de dicha frase, aun cuando se tratara de una conversación con una pordiosera. No podía prescindir de ella.

Pero me sigo sintiendo intranquilo. Pasó la noche, mas el recuerdo sigue volviendo a mí a cada instante, como el portador de un mal augurio; en el cielo nublado y nevoso, en el aburrido estudio, mi intranquilidad no hace más que crecer. Será mejor que me vaya, que regrese a la ciudad el día de mañana. La aleta de tiburón hervida que sirven en el restaurante Fu Xing solía costar un *yuan*[10] una porción grande, un platillo sabroso y barato, me pregunto si habrá subido de precio. Aunque mis amigos de antaño ya se han dispersado como las nubes, no puedo quedarme sin volver a probar la aleta de tiburón, incluso si soy sólo yo... De cualquier modo, he decidido que mañana me voy de aquí.

Debido a que con frecuencia me pasa que ciertas cosas que espero que no sucedan y que siento que no tendrían necesariamente

10 El yuan (RMB), es la moneda oficial china.

que suceder, terminan sucediendo de cualquier modo, es que temí que este caso no fuera la excepción. Y en efecto, cosas extrañas comenzaron a ocurrir. Cerca del anochecer escuché a varias personas reunidas dentro de la casa. Conversaban. Sonaba como si discutieran sobre alguna cuestión, pero no había pasado un rato cuando las voces cesaron de pronto y sólo se escuchaba al Tío Si quien, caminando de un lado a otro, decía en voz alta:

—Ni más temprano ni más tarde, tenía que ser en este preciso momento; ¡pero qué canalla!

Al principio me quedé pasmado y después me sentí bastante alterado pues pensé que esas palabras tenían que ver conmigo. Me asomé a la puerta, pero no había nadie. Con trabajo me contuve hasta poco antes de la cena, cuando uno de los sirvientes entró a preparar el té, entonces tuve por fin oportunidad de hacer algunas averiguaciones.

—Hace un momento, ¿con quién fue que se enojó el abuelo Si? —pregunté.

—¿Pues qué no fue con la cuñada Xianglin? —me contestó el sirviente de forma directa.

—¿La cuñada Xianglin? ¿Qué hay con ella? —volví a preguntar apresuradamente.

—Se murió.

—¿Murió?

El corazón se me contrajo de repente y casi me brinca del pecho. El rostro también me debe haber cambiado de color, pero él en ningún momento levantó la cabeza, por lo que ni siquiera lo notó. Entonces tomé un momento para calmarme, luego seguí preguntando:

—¿Cuándo murió?

—¿Cuándo? Ayer en la noche o si no, hoy. No estoy seguro.

—¿Cómo murió?

—¿Cómo murió? Pues se murió de pobre —respondió indiferente y, todavía sin alzar la cabeza ni verme a la cara, salió de la habitación.

No obstante, mi agitación no fue más que momentánea, pues aquello que esperaba que ocurriera había ocurrido ya. Ya no era necesario resguardarme en mi "no estoy seguro" ni en el "murió de pobre" del sirviente. Sentía la conciencia mucho más ligera, aunque de vez en cuando, aún me llegaba un pequeño remordimiento. La cena fue servida y el tío Si me acompañó solemnemente. Yo todavía tenía muchas dudas acerca de la cuñada Xianglin, pero sabía que él, aunque habiendo leído que "los fantasmas y los espíritus son todos productos del Yin y el Yang"[11], seguía siendo un hombre sumamente supersticioso y en los momentos próximos a la Ofrenda de Año Nuevo está estrictamente prohibido hablar de temas relativos a la muerte o a la enfermedad; si no queda otra alternativa, entonces hay que usar un eufemismo, pero desafortunadamente yo no sabía cómo, así que aunque quise preguntar en repetidas ocasiones, en cada una terminé por desistir. A juzgar por su expresión solemne, sospeché que pensaba que yo también, ni más temprano ni más tarde, sino que justamente escogía aquel momento para perturbarlo, que yo también era un canalla, así que le dije en seguida que partiría de Luzhen al día siguiente para volver a la ciudad y así darle algo de paz. No mostró señales de querer persuadirme para que me quedara y así terminamos de cenar de forma desanimada.

Los días son cortos en invierno y ahora que había comenzado a nevar, los colores de la noche habían cubierto por completo al pueblo. La gente se apresuraba toda bajo los faroles, pero afuera de las ventanas reinaba la calma. Los copos caían sobre el grueso manto de nieve, lanzando al viento un susurro que me hundía más en mi soledad. Estaba sentado bajo la luz amarillenta de una lámpara, pensando en la cuñada Xianglin: esa mujer sin propósito ni sentido, abandonada por la gente entre el polvo, cual si fuese un viejo juguete del que uno se ha hartado ya. Antes, cuando sus huesos aún se movían sobre la tierra, aquellos que todavía disfrutan de la vida se preguntaban con desconcierto qué motivo le quedaría para seguir existiendo; ahora, los mensajeros de la muerte la han erradicado finalmente y por completo del mundo. Sobre si existe o no el alma, eso yo no lo sé; sin embargo, en esta vida, cuando una persona a la que no le queda ya nada por qué

11 Traducción aproximada del texto original en chino clásico: 鬼神者二气之良能也. Se refiere a que los fantasmas y los espíritus están formados de la misma energía vital que todas las cosas.

vivir no vive más y, por lo tanto, aquellos hartos de verla no la ven más, entonces ambas partes resultan beneficiadas. Escuché callado el susurro de la nieve tras la ventana mientras seguía con mis reflexiones y, de este modo, me fui sintiendo cada vez más tranquilo.

Los fragmentos de su vida que escuché o presencié en el pasado, se unen ahora formando una sola historia:

Ella no era de Luzhen. Hubo un año, al inicio del invierno, en que el tío Si necesitaba cambiar de sirvienta. La señora Wei, que era intermediaria, fue quien la trajo. Llevaba un listón blanco en el pelo, una falda negra, un abrigo azul y un chaleco blanco azulado, tendría unos veintiséis o veintisiete años, la tez amarillenta y algo demacrada pero ambas mejillas aún sonrosadas. La señora Wei la llamaba la cuñada Xianglin, dijo que era vecina de la familia de su madre, su marido murió, así que salió en busca de trabajo. El tío Si frunció el ceño, la señora Si ya sabía a qué se debía aquello: detestaba que fuera una viuda. Pero se veía bastante adecuada, de manos y pies grandes y fuertes, además sólo asentía con la mirada sin decir palabra alguna; parecía una persona obediente y trabajadora, así que sin importar el ceño fruncido del tío Si, permitieron que se quedara. En su periodo de prueba, pasaba todo el día trabajando, cómo si se aburriera a los pocos segundos de estar ociosa. Además era fuerte, tanto que podía hacer las tareas de cualquier hombre, por lo que al tercer día se decidió: su paga sería de quinientos *wen*[24] al mes.

Todos la llamaban la cuñada Xianglin; nunca preguntaron cómo se apellidaba, pero su intermediaria era de la familia Wei y, como dijo que era su vecina, asumieron que tal vez también se apellidaba Wei. No le gustaba mucho hablar, sólo contestaba cuando le hacían una pregunta y siempre con respuestas cortas. No fue hasta después de varios días que la gente se fue enterando poco a poco que en su casa había una suegra severa y un pequeño cuñado de poco más de diez años que ya podía partir leña, que fue en primavera cuando se quedó sin marido, que él también partía leña para vivir y que era diez años menor que ella: eso era lo poco que sabía todo el mundo.

---

24 Unidad de medida de la época, utilizada para designar una moneda de cobre con un orificio cuadrado al centro.

Los días transcurrían rápido. Ella trabajaba de manera infatigable y nunca era quisquillosa con la comida ni reparaba en esfuerzos en su labor. Todos decían que la sirvienta que habían contratado en la casa del abuelo Si era más trabajadora que el más trabajador de todos los hombres. Al llegar el fin de año, barrer, trapear, matar a los pollos y a los gansos, pasarse la noche cocinando el "tributo": todo se lo dejaron a ella, no contrataron a nadie más. Y ella, sin embargo, se notaba contenta. En la comisura de los labios le fue apareciendo una sonrisa y su rostro se fue poniendo más claro y regordete.

Recién pasado el Año Nuevo, se le vio regresar completamente pálida de enjuagar arroz en el río. Dijo que acababa de ver a lo lejos a un hombre que caminaba vacilante en la orilla de enfrente. Se parecía mucho al tío Tang de la familia de su marido, así que temió que hubiera venido precisamente a buscarla a ella. La señora Si se mostró sorprendida y le pidió que le diera todos los detalles, pero ella no respondió. En cuanto el tío Si se enteró, dijo frunciendo el ceño:

—Esto no es bueno. Temo que tal vez se haya escapado de su casa.

Ciertamente se había escapado de su casa; dentro de poco, esta conjetura sería comprobada. Alrededor de diez días después, justo cuando todo el mundo comenzaba a olvidarse de aquel incidente, la señora Wei apareció de pronto trayendo consigo a una mujer de más de treinta. Dijo que era la suegra de la cuñada Xianglin. Aunque tenía pinta de campesina, aquella mujer hablaba y se desenvolvía con soltura. Después de intercambiar saludos se disculpó, dijo que venía en busca de su nuera para llevarla de vuelta a casa porque el comienzo de la primavera acarreaba consigo muchas labores y en casa sólo había niños y viejos, así que las manos no alcanzaban.

—Ya que es su suegra la que la quiere de vuelta, qué más queda por decir —dijo el tío Si.

Acto seguido, saldaron las cuentas de su pago. En total eran mil setecientos cincuenta *wen* y todo lo guardaba en casa de sus patrones: no había gastado ni uno solo. Todo se lo entregaron a su suegra quien, además, recogió su ropa, dio las gracias y salió de la habitación. De hecho ya era mediodía.

—¡Ay! ¿Y el arroz? La cuñada Xianglin, ¿qué no fue a enjuagar el arroz?... —dijo de pronto alterada la señora Si cuando ya había pasado un buen rato, pues seguramente le dio hambre y se acordó del almuerzo.

Entonces todos se separaron para buscar la canasta del arroz. La señora Si fue primero a la cocina, después a la sala, luego a las recámaras, y siguió sin encontrar rastro alguno de la cesta. El tío Si se paseó por afuera de la puerta, pero tampoco la vio. No fue hasta llegar al río que la encontró colocada pulcramente sobre la orilla, al lado de un manojo de vegetales.

Los que lo vieron, reportaron que en la mañana atracó en la orilla del río un pequeño barco con toldo de mimbre. Como era un toldo cerrado, no había manera de saber quién o cuánta gente estaba adentro, pero antes del incidente nadie le prestó atención. No fue hasta que la cuñada Xianglin salió a enjuagar el arroz que, apenas habiéndose arrodillado, del barco salieron dos hombres con aspecto de montañeses. Uno la sostuvo mientras el otro ayudaba y juntos la arrastraron hasta el interior del barco. La cuñada Xianglin lloraba y gritaba; después, todo fue silencio: seguramente usaron algo para amordazarla. Luego aparecieron dos mujeres, una tenía pinta de analfabeta, la otra era justamente la señora Wei. Al asomarse al interior, la escena no era muy clara, pero parecía que la cuñada Xianglin yacía amarrada sobre el piso.

—¡Espantoso! Sin embargo… —dijo el tío Si.

Ese día la señora Si cocinó el almuerzo ella misma; su hijo Aniu preparó el fuego. Después del almuerzo la señora Wei vino de nuevo.

—¡Espantoso! —dijo el tío Si.

—¿Qué significa todo esto? ¡Todavía te atreves a volver por aquí! —comenzó a decir furiosa la señora Si en cuanto la vio, mientras lavaba los trastes—. Fuiste tú misma quien la recomendó y luego vienes y te la robas junto con tus compinches, haciendo todo un escándalo. ¡¿Qué es lo que va a pensar la gente?! ¡¿Pretendes burlarte de nuestra familia?!

—¡Ay! ¡Ay! En verdad que me han timado. He venido justo con el propósito de explicarles cómo ha sucedido todo. Ella llegó pidiéndome que la recomendara en algún lugar, ¡cómo iba yo a saber que era a escondidas de su suegra! Discúlpenme tío Si, señora Si. Siempre me pasa que me confundo, no soy cuidadosa y termino por agraviar a mis patrones. Por suerte su familia siempre ha sido muy generosa y me ha perdonado mis ofensas. Esta vez les aseguro que les recomendaré una buena muchacha para enmendar mi error…

—Sin embargo… —dijo el tío Si.

Y así, el asunto de la cuñada Xianglin se terminó. No pasó mucho cuando ya se había olvidado.

Sólo la señora Si, debido a que las muchachas que contrató después eran todas o perezosas o glotonas, o bien perezosas y glotonas, no quedaba del todo a gusto, así que aún mencionaba de vez en cuando a la cuñada Xianglin. Cada vez que esto pasaba, mascullaba como hablando para ella misma: "¡Quién sabe qué será de ella en este momento!". Lo que quería decir que esperaba que regresara. Al llegar el primer mes del año siguiente se dio finalmente por vencida.

Cerca del fin del primer mes, la señora Wei pasó a dar sus deseos de Año Nuevo. Ya estaba un poco borracha. Dijo que había ido de visita a casa de su madre y se había quedado a dormir algunos días cerca de las montañas, por lo tanto se le había hecho tarde. Por supuesto, el tema de la cuñada Xianglin salió finalmente a la conversación.

—¿Ella? —dijo alegremente la señora Wei—. Ahora le ha sonreído la fortuna. Cuando su suegra vino a llevársela fue porque ya se la habían prometido en matrimonio al sexto hijo de la familia He, por lo tanto a los pocos días de volver a casa, se la llevaron metida en un carro de bodas.

—¡Ah! ¡Pero qué suegra!... —dijo la señora Si sorprendida.

—¡Ay! ¡Ay! ¡Mi señora! Las suyas en verdad son palabras de una mujer de buena familia. Para nosotros la gente pobre de las montañas, esto no es nada. Ella tenía un pequeño cuñado que también se tenía que casar. Si no la casaban a ella, ¿de dónde iban a sacar la dote? La suegra es en verdad una mujer inteligente y capaz, con mucha visión, entonces la casó con alguien de las montañas. Si la casaban con alguien de la misma aldea, la dote no hubiera sido muy grande; pero ya que muy pocas mujeres están dispuestas a casarse en la lejanía de las montañas, la dote fue de ochenta mil *wen*. Ahora el segundo hijo ya también se casó, la dote sólo fue de cincuenta mil. Además de los gastos de la boda, todavía sobraron diez mil. ¡Caray! Dese cuenta, ¡pero qué buen negocio!...

—¿Y la cuñada Xianglin estuvo de acuerdo?

—¿Qué tiene que ver que estuviera o no de acuerdo? Siempre están las que arman un escándalo; sólo hace falta tomar un poco de cuerda y atarlas, meterlas al carro de bodas, cargarlas hasta la casa de la familia del novio, encajarles en la cabeza la tiara nupcial, llevar a cabo la boda, cerrar la puerta del cuarto y ya está. Pero la cuñada Xianglin sí que fue la excepción. Escuché que en verdad armó todo un alboroto. La gente dijo que seguramente porque había trabajado en casa de un erudito no era igual que el resto. Señora, yo he visto de todo entre las que se casan: hay quienes lloran, hay quienes amenazan con suicidarse, hay quienes al llegar a casa del novio se rehúsan a continuar con la boda, hay quienes incluso rompen las velas ceremoniales. Pero la cuñada Xianglin era algo muy distinto. Dicen que todo el camino se la pasó lanzando alaridos y maldiciones, que al llegar a casa de la familia He ya se había quedado afónica de tanto gritar. Al sacarla del carro, entre dos hombres mayores y el pequeño cuñado pudieron a duras penas controlarla. En tan sólo un instante que se distrajeron, que bajaron la guardia, ¡válgame Buda!, se estrelló contra el borde de la mesa abriéndose un gran hoyo en la cabeza. La sangre manaba sin parar. Le pusieron dos puños de ceniza, le cubrieron con dos trapos y aun así la hemorragia no paraba. Hasta el momento en que lograron entre todos encerrarla junto con el novio en la alcoba, seguía gritando y maldiciendo ¡Ay! ¡Ay! ¡Ay! ¡De veras!

La señora Wei negó con la cabeza, bajó la mirada y guardó silencio.

—¿Y después qué pasó? —preguntó la señora Si.

—Escuché que al día siguiente tampoco se levantó —dijo alzando la vista.

—¿Y después?

—¿Después? Se levantó. A fin de año dio a luz a un varón, este Año Nuevo recién cumplió dos años. Ahora que estuve en casa de mi madre, hubo quien fue a casa de los He y al regresar dijo que la vio a ella con su hijo: la madre gorda y el niño gordo también. Ya no la domina la suegra, el marido es fuerte y trabajador, la casa es de su familia. ¡Caray! En verdad que ha tenido buena suerte.

A partir de entonces, la señora Si no volvió a mencionar a la cuñada Xianglin, pero en el otoño de cierto año, más o menos dos años después de recibir la noticia de su buena fortuna, la cuñada Xianglin se encontró de nuevo parada en el umbral de la morada del tío Si. Sobre la mesa había una canastilla redonda y bajo el alero, un pequeño bulto con sábanas y una muda de ropa. Aún llevaba un listón blanco en el pelo, una falda negra, un abrigo azul y un chaleco blanco azulado; la tez amarillenta y algo demacrada, sin rosado en sus mejillas porque se había desvanecido por completo; con la mirada esquiva y rastros de lágrimas en sus ojos, carentes de la vitalidad de antes. Además, era otra vez la señora Wei la que la traía. Adoptando una pose benévola y de forma gárrula, le dijo a la señora Si:

—Esto en verdad ha sido como una tormenta que surge de un cielo claro. Su marido era un hombre fuerte, ¿quién hubiera imaginado que siendo tan joven pudiera morirse de una tifoidea? Primero había mejorado, pero se comió un plato de comida que estaba fría y sufrió una recaída. Afortunadamente quedaba el niño y ella también podía trabajar: cortar leña, recolectar hojas de té, criar gusanos de seda... Todo lo podía hacer, así que fue capaz de seguir adelante. ¿Quién iba a saber a ese niño se lo iban a llevar los lobos? Ya era casi el fin de la primavera y, sin embargo, llegaron lobos a la aldea. ¿Quién lo habría previsto? Ahora ella se ha quedado sola de nuevo. El tío fue a reclamar la casa y la echó a la calle. Se ha quedado sin opciones. Sólo le ha restado venir aquí a implorarles a sus antiguos patrones. Por suerte ahora ya no tiene ninguna carga. Sé que su familia justo está buscando una nueva muchacha. Es por eso que la he traído. Creo que más vale alguien conocido que un par de manos nuevas...

—Pero qué tonta fui, en verdad —la cuñada Xianglin levantó sus ojos apagados y continuó diciendo—. Yo sólo sabía que cuando nieva, las bestias de las montañas se quedan sin alimento y llegan hasta la aldea; yo no sabía que en primavera también iba a haber. Me levanté de mañana y abrí la puerta, tomé la canastilla y la llené de frijoles. Le dije a nuestro Amao que se sentara en el umbral a pelarlos. Él era muy obediente, hacía todo lo que yo le decía; salió de la casa. Yo estaba detrás de la casa cortando la leña y enjuagando el arroz. Eché el arroz a la olla, ya era tiempo de hervir los frijoles. Llamé a Amao, no hubo respuesta. Salí a asomarme y sólo encontré los frijoles regados en el piso. Nuestro Amao ya no estaba. Él nunca iba a jugar a casa de otros niños; pregunté por todos lados y no lo hallé por ninguna parte. Me angustié, le imploré a todo el mundo que saliera a buscarlo. No fue hasta bien entrada la tarde que, de tanto buscarlo por todos lados, terminamos por ir buscarlo entre las montañas, donde encontramos uno de sus zapatitos colgando entre los arbustos. La gente dijo: "¡Qué terrible! ¡Debe haberse encontrado con un lobo!". Seguimos avanzando y sí, ahí yacía su cuerpo tendido sobre un lecho de paja. Sus entrañas habían sido devoradas por completo y en la mano aún llevaba la canastilla...

En ese momento, la cuñada de Xianglin rompió en llanto. No fue ya capaz de seguir hablando. La señora Si había titubeado al principio, pero al escucharla contar su historia, los ojos se le enrojecieron de pronto. Meditó un momento, luego le dijo que tomara su canasta y sus ropas y las llevara al cuarto de servicio. La señora Wei, como si se acabara de librar de una pesada carga, soltó un suspiro; la cuñada Xianglin se mostraba un poco más relajada que al principio, sin esperar a que le mostraran el camino y con aire familiar, se fue a acomodar sus cosas. A partir de entonces volvió a trabajar como criada en el pueblo de Luzhen.

Todos seguían llamándola la cuñada Xianglin.

Sin embargo, en está ocasión, sus circunstancias cambiaron en gran medida. A los dos o tres días de empezar a trabajar, a sus patrones les pareció que no tenía la misma destreza que antes. Su memoria también había empeorado mucho, como si se tratara de un cadáver, y en su rostro no aparecía una sonrisa en todo el día. En el tono de la señora Si se iba haciendo evidente el descontento. Cuando recién llegó, el tío Si, aunque frunció el ceño como siempre, en vista de que les había costado trabajo encontrar una buena criada, no se opuso demasiado. Solamente le advirtió discretamente a su mujer que ese tipo de personas, aunque su situación parecía lamentable en apariencia, habían transgredido las costumbres: usarla como criada era aceptable, pero llegado el tiempo de la Ofrenda no podía permitírsele meter las manos. Ellos mismos tendrían que preparar toda la comida. De lo contrario no estaría limpia y los ancestros no la comerían.

El evento más importante para la familia Si era la Ofrenda. En el pasado, la cuñada Xianglin estaba más ocupada justamente durante esta festividad. Sin embargo, en esa ocasión, se hallaba ociosa. La mesa se encontraba al centro de la sala, el mantel ya puesto y ella aún recordaba como acomodar las copas y los palillos:

—¡Cuñada Xianglin! ¡Deja ahí! Yo lo acomodo —dijo la señora Si a toda prisa.

Ella retiró la mano avergonzada, enseguida se dispuso a recoger el candelabro.

—¡Cuñada Xianglin! ¡Deja ahí! Yo lo recojo —volvió decir apurada la señora Si.

Anduvo dando varias vueltas. Al final, cuando no encontró nada que hacer, sólo pudo retirarse con cierta duda. Ese día no le quedó otra cosa por hacer más que sentarse junto a la estufa a avivar el fuego.

La gente del pueblo seguía llamándola la cuñada Xianglin, pero con un tono distinto al de antes; todavía conversaban con ella, pero con una sonrisa más bien fría. Ella no hacía caso de aquello, solamente mantenía su mirada recta mientras le contaba a todo el mundo esa historia que no se le olvidaba nunca:

—Pero qué tonta fui, en verdad —decía—. Yo sólo sabía que cuando nieva, las bestias de las montañas se quedan sin alimento y llegan hasta la aldea; yo no sabía que en primavera también iba a haber. Me levanté de mañana y abrí la puerta, tomé la canastilla y la llené de frijoles. Le dije a nuestro Amao que se sentara en el umbral a pelarlos. Él era muy obediente, hacía todo lo que yo le decía; salió de la casa. Yo estaba detrás de la casa cortando la leña y enjuagando el arroz. Eché el arroz a la olla, ya era tiempo de hervir los frijoles. Llamé a Amao, no hubo respuesta. Salí a asomarme y sólo encontré los frijoles regados en el piso. Nuestro Amao ya no estaba. Él nunca iba a jugar a casa de otros niños; pregunté por todos lados y no lo hallé por ninguna parte. Me angustié, le imploré a todo el mundo que saliera a buscarlo. No fue hasta bien entrada la tarde que, de tanto buscarlo por todos lados, terminamos por ir buscarlo entre las montañas, donde encontramos uno de sus zapatitos colgando entre los arbustos. La gente dijo: "¡Qué terrible! ¡Debe haberse encontrado con un lobo!". Seguimos avanzando y sí, ahí yacía su cuerpo tendido sobre un lecho de paja. Sus entrañas habían sido devoradas por completo y su pobre manita aún apretaba la canastilla...

Entonces de sus ojos comenzaban a correr las lágrimas, su voz se partía en sollozos. Esa historia era en verdad bastante efectiva. Al llegar a esa parte, a los hombres con frecuencia se les borraba la sonrisa del rostro y se alejaban desconcertados. Las mujeres, en cambio, no sólo parecían perdonarla y perdían su expresión de desdén, sino que incluso lloraban junto con ella. Algunas viejas señoras que aún no la habían oído, la iban a buscar con el sólo propósito de escuchar su trágica historia. Esperaban a la parte en que ella rompía en sollozos para dejar correr de un golpe aquellas lágrimas contenidas hasta ese momento, soltaban un suspiro al aire y se retiraban satisfechas, al tiempo que intercambiaban comentarios con avidez.

Sólo contaba y volvía a contar una y otra vez su trágica historia, con frecuencia consiguiendo que unas cuantas personas se acercaran a escucharla. Pero al poco tiempo, todos se habían familiarizado ya con la historia y aun a las señoras más benévolas y religiosas no les brotaban más las lágrimas. Después, el pueblo entero podía recitar de memoria sus palabras. En cuanto la escuchaban, la cabeza les empezaba a doler del fastidio.

—Pero qué tonta fui... —comenzaba a decir.

—Sí, sí, tú sólo sabías que cuando nieva, las bestias de las montañas se quedan sin alimento y llegan hasta la aldea... —la interrumpían de inmediato, luego se marchaban.

Ella se quedaba atónita, parada y con la boca abierta, mirándolos; después, se marchaba también, como si a ella tampoco le quedara interés alguno. Pero seguía fantaseando. Buscaba cualquier pretexto, una canastilla, frijoles, los niños de los demás o cualquier cosa que le permitiera empezar a narrar de nuevo la historia de Amao. Si veía un niño de dos o tres años decía:

—¡Ay! ¡Ay! ¡Nuestro Amao! Si todavía viviera, estaría así de grande…

Los niños se quedaban estupefactos al ver su expresión y urgían a sus madres a irse, jalándolas de las ropas. Como resultado, se quedaba ella sola y al final se marchaba también, desconcertada. Pronto, todo el mundo ya conocía su carácter y en cuanto veían que había un niño frente a ella, le preguntaban conteniendo la risa:

—Cuñada Xianglin, si tu Amao todavía estuviera, ¿no es cierto que estaría así de grande?

Ella posiblemente no se daba cuenta de que su historia, después de haber sido masticada por todo el mundo durante tantos días, hacía mucho que se había vuelto deshecho, que ya sólo servía para fastidiar y provocar rechazo, pero a juzgar por la sonrisa de la gente, intuía un sarcasmo frío y cortante, así que tenía más necesidad de volver a abrir la boca. Sólo les lanzaba una mirada fugaz sin responder palabra alguna.

Luzhen siempre está celebrando el Año Nuevo, después del día veinte del doceavo mes todo el pueblo se ocupa. La familia del tío Si esta vez precisó contratar ayudantes varones. Aun así no se daban abasto, así que llamaron también a mamá Liu a que echara una mano a matar a los pollos y a los gansos; sin embargo mamá Liu era una mujer noble, vegetariana, que no mataba a ningún ser vivo, así que accedió sólo a enjuagar los órganos de sangre. La cuñada Xianglin, que no tenía otra cosa que hacer además de avivar el fuego, se sentó ociosa a mirar a mamá Liu lavar los órganos. Comenzaba a caer una nieve ligera.

—¡Ay! ¡Ay! ¡Pero que tonta fui! —dijo La cuñada Xianglin, mirando al vacío al tiempo que suspiraba, como si hablara sola.

—Cuñada Xianglin, ya has vuelto a venir —dijo mamá Liu fastidiada, mirándola a la cara—. Deja que te pregunte algo: esa cicatriz que tienes en la frente, ¿qué no es de esa vez en que te estrellaste?

— Ah, ajá —respondió de forma ambigua.

—Te pregunto: en ese entonces, ¿cómo es que terminaste accediendo?

—¿Yo?

—¡Tú! Yo creo que tú sola has accedido a todo eso, de otro modo…

—¡Ah! ¡Ah! Tú no sabes lo fuerte que era él…

—No te creo. No creo que con la fuerza que tú tienes, no pudieras haberte resistido. Al final tuviste que haber accedido y ahora dices que él era demasiado fuerte.

—¡Ah! ¡Ah!, Tú… Inténtalo tú misma y veras.

Xiao Lin Sao rio. Mamá Liu comenzó a reírse también. Su rostro arrugado se contrajo como una nuez; sus ojos pequeños y marchitos miraron la frente de la cuñada Xianglin y, acto seguido, se clavaron en sus pupilas. La cuñada Xianglin parecía bastante incómoda. Inmediatamente dejó de sonreír, volvió la mirada y se fue a observar los copos de nieve.

—Cuñada Xianglin, ese sí que no fue un buen trato —continuó mamá Liu de forma misteriosa—. Mejor te hubieras resistido un poco más o te hubieras matado del golpe en la cabeza. Pero ahora, ya que tú y tu segundo marido vivieron juntos por casi dos años, con eso cometieron un gran pecado. Ponte a pensar: en el futuro, cuando llegues al inframundo, las almas de ambos hombres se pondrán a discutir sobre a cual le perteneces. Al gran Rey Yama[13] no le quedará más que partirte por la mitad y repartirte entre los dos. Yo pienso que esto en verdad es…

En el rostro de la cuñada Xianglin apareció una expresión de profundo horror. Esto era algo de lo que nunca había oído hablar en la aldea.

—Yo opino que mejor te prepares cuanto antes. Ve al templo y dona un escalón para la puerta, que sirva como sustituto de tu cuerpo, que miles de personas lo pisoteen para que purgues tus pecados en esta vida y evites el sufrimiento de la siguiente.

La cuñada Xianglin no dijo nada en ese momento, pero se mostró abatida. Cuando se levantó al día siguiente, a sus ojos los rodeaban dos ojeras grandes y negras. Después del desayuno fue al templo al lado oeste del pueblo y pidió donar un escalón. El encargado se negó rotundamente al principio y no fue hasta que la vio soltar lágrimas de la desesperación que aceptó forzadamente. El precio se fijó en doce mil *wen*.

---

13 Señor de la muerte y guardián del inframundo.

Hacía mucho que no conversaba con nadie porque la historia de Amao hacía mucho que los había hartado a todos; sin embargo, desde que habló con mamá Liu, como si la noticia se hubiera propagado rápidamente, entre la gente surgió de pronto un renovado interés e iban de nuevo a buscarla para hacerla que hablara. En cuanto al tema, naturalmente había cambiado, ahora era todo acerca de su cicatriz en la frente.

—Cuñada Xianglin, deja que te pregunte: en aquella ocasión, ¿cómo es que terminaste accediendo? —decía alguno.

—¡Ay! ¡Qué lástima! ¡Te abriste la frente en vano! —agregaba otro, mirándole la cicatriz.

A juzgar por su sonrisa y su tono, se daba cuenta de que se estaban burlando de ella, así que mantenía la mirada fija sin decir palabra alguna; después ya ni siquiera volteaba a verlos. Se pasaba el día entero con la boca bien cerrada, portando esa cicatriz que era vista por todos como un símbolo de vergüenza, rondando las calles silenciosamente, barriendo, lavando la yerba, enjuagando el arroz. No fue hasta después de casi un año, que por fin pudo cobrar de manos de la señora Si el sueldo que había venido acumulando por varios meses: sumaba en total doce *águilas*[14]. Pidió ausentarse de sus labores y fue al lado oeste del pueblo. En menos de lo que toma una comida ya estaba de vuelta. Su expresión se notaba relajada y en paz, su mirada tenía un brillo inusual. Le contó alegremente a la señora Si que acababa de donar un escalón al templo del pueblo.

Con el solsticio de invierno, llegó la temporada de rendir tributo a los ancestros. La cuñada Xianglin tenía más energía que nunca, así que al ver a la señora Si envolver las ofrendas y mover junto con Aniu la mesa hasta el centro de la sala, se dispuso tranquilamente a coger las copas y los palillos:

—¡Deja ahí, cuñada Xianglin! —dijo angustiada y levantando la voz la señora Si.

Retiró la mano cual si hubiera recibido un azote. El rostro se le ensombreció y ya ni siquiera intentó ir por el candelero: sólo se

14 Moneda mexicana de plata que se usaba también en China durante la época.

quedó parada con desaliento. Se quedó hasta que el tío Si encendió el incienso y le ordenó que se fuera. Está vez, su cambio fue notable. Al día siguiente no sólo tenía los ojos hundidos, sino que incluso su espíritu parecía roto. Además se mostraba temerosa. No sólo la asustaba la oscuridad, también las siluetas de otras personas, aun cuando fueran las de sus patrones. Se movía como si fuese un pequeño ratón que sale de su cueva a explorar durante el día o bien, se quedaba sentada completamente abstraída, como una marioneta de palo. No había pasado medio año cuando su pelo comenzó a encanecer y su memoria, a fallar cada vez más, al punto de olvidarse con frecuencia de ir a enjuagar el arroz.

—¿Qué le pasa a la cuñada Xianglin? Hubiera sido mejor no contratarla por segunda vez —decía a veces la señora Si justo frente a ella, como haciéndole una advertencia.

Pero ella seguía igual y no quedaba ya esperanza de que mejorara. Por lo tanto, se querían deshacer de ella, mandarla a que se fuera allá donde la señora Wei. Cuando yo todavía vivía en Luzhen, sólo decían que lo harían, pero a juzgar por las presentes circunstancias, parece que al final sí lo cumplieron. No obstante, ¿fue al ser echada de la casa Si que se volvió pordiosera o se fue primero a casa de la señora Wei y luego terminó de pordiosera? Eso no lo sé.

Me despertó de un sobresalto el ruido estruendoso de una explosión cercana. Vi las luces de las lámparas pequeñas como frijoles, y escuché el resonar de las tiras de petardos: en la casa del tío Si ya se estaba realizando la Ofrenda. Supe entonces que estaba próximo el amanecer. Hundido en la penumbra, volví a escuchar el eco remoto y vago de las explosiones sucesivas e interminables de los petardos, como formando una inmensa nube de ruido en el cielo, mezclándose con los copos de nieve que danzan por el aire, envolviendo al pueblo entero en un abrazo. Y en medio de este abrazo tumultuoso, me sentí relajado y sereno, y la duda que venía atormentándome desde el día anterior fue disipada completamente por el aire festivo. Me imaginé tan sólo a los dioses del cielo y de la tierra, deleitándose con la Ofrenda, tambaleándose borrachos por el cielo, preparándose a bendecir a la gente de Luzhen con infinita alegría y fortuna.

Diario de un loco

Dos hermanos, cuyo nombre no revelaré, fueron ambos buenos amigos míos en el colegio; tras separarnos por muchos años, poco a poco fui dejando de tener noticias de ellos. Hace unos días escuché por casualidad que uno de ellos enfermó gravemente. De vuelta a mi pueblo, desvié el camino para irles a visitar, mas sólo encontré a uno, quien me dijo que el enfermo era su hermano menor. Me agradeció que hubiera ido a verlo desde tan lejos, pero me informó que su hermano hacía tiempo que se había curado y se había ido a algún lugar a esperar una vacante[1]. Al decir esto soltó una carcajada y me mostró un diario en dos volúmenes. Dijo que en él podía leerse el transcurso de su enfermedad y que no estaba de más ofrecérselo a un viejo amigo.

Me lo llevé y, tras una hojeada, me di cuenta de que sufría de algún tipo de paranoia. El lenguaje era bastante enredado e incoherente y se narraban muchas situaciones absurdas; además, el diario no estaba fechado. Sólo por las discrepancias en la caligrafía y en el color de la tinta pude deducir que no había sido escrito en una sola sesión. El diario contenía también algunas partes con cierta coherencia, las cuales he seleccionado y editado en un solo volumen para ofrecerlo a la profesión médica para su estudio. De los errores del diario ni una palabra ha sido cambiada; únicamente los nombres de las personas, aunque son todas provenientes de zonas rurales, sin relevancia para el mundo, han sido cambiados en su totalidad. En cuanto al título, permanece el mismo que le diera el autor después de curarse: 2 de abril del año 7[2].

1 El sistema de exámenes imperiales se practicó en la China imperial entre los años 606 y 1905 y consistía en una serie de pruebas que servían para seleccionar a los candidatos a funcionarios. Una vez que el candidato acreditaba los exámenes, si no había vacantes disponibles, quedaba en espera de que se desocupara algún cargo en la administración local.
2 Se refiere al año 7 del nuevo régimen (1918).

1

Esta noche, buena Luna.

No la veía, ya van más de treinta años; hoy la vi, mi espíritu se refrescó excepcionalmente. Sólo entonces supe que en estos más de treinta años he estado en un estado de completo aturdimiento; sin embargo debo ser muy cuidadoso. Si no, el perro de los Zhao, ¿por qué me miraba de aquella forma?

Tengo razones para temer.

2

Hoy no hay Luna en absoluto, sé que no es una buena señal. En la mañana salí con cuidado, el señor Zhao tenía una mirada extraña: como si me temiera, como si quisiera hacerme daño. Además había siete u ocho personas que susurraban algo sobre mí y temían que me diera cuenta. Toda la gente que me encontré en el camino actuaba del mismo modo. De entre ellos el más feroz, con la boca bien abierta, me dirigió una sonrisa burlona; sentí un escalofrío desde la cabeza hasta los talones. Supe entonces que sus preparativos estaban ya terminados.

No tuve miedo, seguí con mi camino de siempre. Más adelante había un grupo de niños que también murmuraban sobre mí; sus miradas era iguales a la del señor Zhao, tenían el rostro lívido también. Me pregunté qué rencor podía guardarme a mí un niño para que se mostrara de esa forma. No pude más y le grité a uno: "¡Dime!". Pero simplemente salieron corriendo.

Me pongo a pensar en qué rencor puede guardarme el señor Zhao, qué rencor puede guardarme la gente del camino; sólo que sea porque que hace veinte años pisoteé el anquilosado cuaderno del señor Gu Jiu[3] y el señor Gu Jiu se molestó bastante. Aunque el señor Zhao no lo

3 "El anquilosado cuaderno del señor Gu Jiu" es una metáfora del sistema feudalismo chino. *Gu Jiu* puede traducirse como "antiguo y viejo".

conoce, seguramente escuchó el rumor y sintió su indignación: organizó a la gente del camino para que me confrontara. Pero, ¿y los niños? En ese tiempo ellos aún no habían venido al mundo, ¿por qué ahora también ellos me lanzan extrañas miradas, como si me temieran, como si quisieran hacerme daño? Esto en verdad me aterra, me desconcierta y me hiere.

Ahora lo entiendo. ¡Han aprendido de sus padres!

3

No puedo dormir por las noches. Cualquier cosa hay que investigarla para lograr entenderla.

Entre ellos hay quienes han sido puestos en el cepo por el magistrado, hay quienes han sido abofeteados por hombres ricos y poderosos, hay quienes han tenido que ofrecer sus esposas a los custodios locales, hay quienes tienen padres que fueron orillados al suicido por sus acreedores, y aun así, la expresión de su rostro en aquellas ocasiones no era en absoluto tan aterradora como la de ayer, tampoco tan feroz.

Lo más extraño fue ayer en la calle cuando esa mujer le pegó a su hijo y le dijo: "¡Caray! ¡Hasta que no te de unos mordiscos no podré sacar todo mi enojo!". Pero sus ojos me miraban a mí. Me asustó de una forma que no pude ocultar; ese grupo de gente de expresión aterradora estalló en risas. El señor Chen se me adelantó y me jaló con firmeza de vuelta a casa.

Ya de vuelta en casa, todos pretendían no conocerme; le expresión en sus rostros era igual a la de los demás. Al entrar al estudio cerraron la puerta como si cerraran un corral de gallinas. Esto me confundió aún más acerca del motivo detrás de todo.

Hace algunos días, un campesino de la Aldea de los Lobos vino a informar que había escasez en las cosechas, le dijo a mi hermano que en su aldea fue linchado un criminal aborrecible; algunas personas le sacaron el corazón y el hígado, los frieron en aceite y se los comieron para incrementar su valor. Hice un comentario, el campesino y mi hermano se me quedaron viendo. Hasta el día de hoy me di cuenta de que sus miradas eran idénticas a las de los demás.

Cuando me acuerdo me recorre un escalofrío desde la cabeza hasta los talones.

Ellos son capaces de comer gente, ¿quién dice que no sean capaces de comerme a mí?

Eso que dijo aquella señora de "darte unos mordiscos", las risas de aquel grupo de expresión aterradora y lo que dijo el campesino anteayer, claramente eran todas insinuaciones. He visto el veneno en las palabras de aquella mujer, el cuchillo en las risas de aquel grupo. Sus dientes se alineaban blancos y afilados. Es justamente este el grupo de los come-gente.

Aunque según yo no son gente mala, desde que pisoteé el anquilosado cuaderno del señor Gu Jiu ya no estoy seguro de nada. Parece como si tuvieran otras intenciones, no las alcanzo a adivinar. Además de un momento a otro se tornan hostiles y acusan a cualquiera de ser malvado. Aún recuerdo cuando mi hermano me enseñó a escribir ensayos. No importaba qué tan buena fuera una persona, si yo distorsionaba su imagen en algunas frases o bien, si justificaba en algunos párrafos a alguien malo, él me decía: "Tienes talento para la retórica, eres distinto a los demás". Yo no tenía manera de saber cuáles eran sus verdaderos pensamientos, además ya era hora de la comida.

Cualquier cosa hay que investigarla para lograr entenderla. En la antigüedad era común comer gente, aún me acuerdo, pero mis recuerdos no son muy claros. Consulté algunos libros de historia, esta historia no tiene épocas, en cada página retorcida estaban escritos los caracteres *ren, yi, dao, de*[4]. De cualquier modo no podía dormir. Leí detenidamente toda la noche hasta que entre los huecos, entre las palabras, pude ver claramente lo que en cada libro estaban escrito: "¡Comer gente!".

En los libros están escritas muchas palabras, aquel campesino dijo muchas cosas, y sin embargo se me quedaba viendo extrañamente mientras sonreía.

Yo también soy gente. ¡Ellos me quieren comer a mí!

4 Caracteres que nombran las cuatro virtudes humanas de acuerdo a la tradición confuciana (仁义道德).

4

En la mañana estuve sentado tranquilamente durante un rato. El señor Chen me trajo de comer: un tazón de vegetales y un tazón de pescado hervido; los ojos del pescado eran blancos y duros, tenía la boca abierta. Era igual a aquel grupo de los come-gente. Le di unos cuantos bocados, era tan resbaloso que pronto no supe si era pescado o persona. Lo vomité desde el fondo de mis entrañas.

Dije: "Señor Chen, dígale a mi hermano que este encierro me está volviendo loco, y que quisiera salir al patio a dar una vuelta". El señor Chen no respondió, se fue; se detuvo un momento, luego volvió y abrió la puerta.

No me moví, me puse atento a ver que me decían; sabía que definitivamente no iban a soltarme. ¡Tal como pensaba! Mi hermano trajo a un viejo que entró lentamente; en sus ojos resplandecía una mirada descarnada, temía que lo descubriera, mantenía la cabeza gacha pero me miraba de reojo a través de sus lentes. Mi hermano dijo: "Hoy te ves muy bien". Dije: "Sí". Mi hermano dijo: "Hoy he invitado al señor He a que viniera para que te examine". Dije: "¡Está bien!". En realidad, ¡cómo no iba yo a saber que este viejo no era más que un verdugo disfrazado! Tomarme el pulso no era más que un pretexto para medir mis niveles de grasa: por este servicio seguro le darían un buen pedazo de carne. No tuve miedo; aunque yo no comiera gente, tenía más valor que todos ellos juntos. Extendí ambos brazos, espere a ver que hacía. El viejo se sentó, cerró los ojos, palpó durante un buen rato, se quedó pasmado durante un buen rato; abrió sus ojos de fantasma y dijo: "No hay que precipitarse, atiéndanlo bien por algunos días y con eso bastará".

¡No hay que precipitarse! ¡Atiéndanlo bien! Me atenderían para que engordara, así naturalmente podrán comer más. ¿Qué beneficio les traeré yo? ¿Cómo que "con eso bastará"? Este grupo de gente me quiere comer y además actúa con sigilo; buscan formas para ocultarlo, no se atreven a actuar directamente, en verdad hacen que muera de risa.

No aguanté más, comencé a reír a carcajadas, lleno de alegría. Bien sabía que dentro de esta risa se encontraba el coraje y la rectitud. El viejo y mi hermano palidecieron, los oprimió mi risa valiente y justa.

Pero entre más valor mostraba yo ellos más me querían comer, y así empaparse un poco de ese valor. El viejo cruzó la puerta y antes de haberse alejado mucho le dijo a mi hermano en voz queda: "¡Comámoslo cuanto antes!" y mi hermano asintió con la cabeza. ¡Así que tú también! ¡Todo este tiempo! Aunque esto parece inesperado, en realidad tiene perfecto sentido: el que organizó a todos para comerme, ¡es justamente mi hermano!

¡El come-gente es mi hermano!

¡Soy hermano de un come-gente!

Me comerán a mí, ¡pero aun así seguiré siendo el hermano de un come-gente!

5

Estos últimos días he reformulado mis hipótesis: en caso de que aquel viejo no fuera un verdugo disfrazado sino que en verdad fuera un médico, aun así era uno de los come-gente. En el antiguo manual "Ben Cao algo" escrito por el viejo sabio Li Shizhen, está escrito claramente que la carne humana puede cocinarse y comerse. ¿Es que puede aún decir acaso que él no come gente?[5]

En cuanto a mi hermano, no lo he acusado injustamente. Cuando me instruía, él mismo llegó a decirme que se podía "intercambiar hijos y comérselos"[6]; alguna otra vez en que por causalidad debatíamos sobre un hombre malo, dijo que no sólo deberían de matarlo, sino que habría que "comer su carne y dormir

5 "El manual Ben Cao algo" se refiere al compendio de medicina *Ben Cao Gang Mu* (《本草纲目》) escrito por el famoso médico de la dinastía Ming Li Shizhen (1518-1593), que fue durante mucho tiempo un libro de cabecera para los doctores chinos. En esta parte, el autor del diario insinúa que ya que en el libro se menciona el consumo de carne humana, esto es evidencia de que los médicos también pertenecen al grupo de los *come-gente*. Sin embargo, dicho manual en realidad critica y se opone a la práctica de la época de consumir carne humana como tratamiento para la tuberculosis, por lo que lo escrito en el diario carece de precisión. Este es uno de los "errores" que menciona el compilador al inicio.

6 En tiempos de hambruna es preferible comerse al hijo de otra persona que al propio.

bajo su piel"[7]. En ese tiempo yo aún era pequeño, se me alteró el pulso durante horas. Antier cuando aquel campesino de la Aldea de los Lobos vino a contar como se comieron el corazón y el hígado de aquel criminal, a mi hermano no le extrañó para nada. Asentía sin parar con la cabeza. Es evidente que sus pensamientos son igual de crueles que antes. Ya que se puede "intercambiar hijos y comérselos", entonces se puede intercambiar lo que sea, se puede comer a cualquier persona. Antes cuando lo escuchaba hablar de esas cosas, me quedaba algo confundido y lo dejaba pasar; ahora me doy cuenta de que cuando él hablaba de esas cosas, no sólo le corría por los labios grasa humana, sino que además se le llenaba la mente de ganas de comer gente.

6

Oscuridad total. No sé si es de día o de noche. El perro de los Zhao ha comenzado a ladrar de nuevo.

La ferocidad del león, la cobardía del conejo, la astucia del zorro...

7

Yo conozco sus métodos. No están dispuestos a matar de frente, no se atreven, temen que caiga sobre ellos alguna maldición. Entonces conspiran en mi contra, tejen sus redes por todos lados, buscan hacer que me suicide. Basta con ver la forma en que actuaban aquellos hombres y mujeres en la calle estos días pasados y la forma en la que ha actuado mi hermano últimamente. Con eso es suficiente para entender la mayor parte. Lo mejor para ellos sería que me quitara el cinturón y me colgara de la viga del techo, que apretara bien y me estrangulara hasta la muerte; así no pesaría sobre ellos el asesinato, pero habrían conseguido sus objetivos. Naturalmente comenzarían

7 Refrán chino para expresar el odio exacerbado hacia una persona.

a reír soltando carcajadas de gozo. De no ser así, también podrían aterrorizarme hasta la muerte, aunque con esto me pondría bastante delgado, pero aun así sería aceptable.

¡Ellos sólo comerán mi carne cuando esté muerto! Recuerdo que en algún libro leí acerca de unos animales llamados "hienas" de una expresión y una apariencia desagradables; estos animales con frecuencia comen carne de cadáver, incluso los huesos más enormes los roen con detenimiento y los engullen hasta el fondo. Sólo de imaginarlo se me pone la carne de gallina. Las "hienas" son parientes de los lobos, los lobos son de la misma familia que los perros. Anteayer el perro de los Zhao se me quedaba viendo. Es evidente que él también está envuelto en la conspiración, lo ha estado por mucho tiempo. Ese viejo que se quedaba viendo al piso, ¿acaso podía evitar que me diera cuenta?

El más pobre de todos es mi hermano, él también es humano, ¿cómo es que no tiene al menos un poco de miedo? Además, ¿por qué los ha convocado para comerme? ¿Será que ya está acostumbrado y no cree que esté mal? ¿O habrá perdido ya su consciencia y lo hace sabiendo bien que es un crimen?

Maldigo a los come-gente, comenzando por él; si he de disuadir a los come-gente, también por él debo empezar.

8

En realidad, esto ya lo deberían de haber entendido desde hace mucho...

De pronto, llegó un hombre. No pasaría de los veinte años; no pude observar su apariencia muy a detalle, pero mostraba una amplia sonrisa y asentía con la cabeza frente a mí. Su sonrisa se veía más bien falsa. Le pregunté sin más: "Eso de comer gente, ¿está bien?" Me dijo, sin perder la sonrisa: "Si no es época de hambruna, cómo va uno a comer gente". Enseguida comprendí que él también formaba parte de aquel grupo, de esos que gustan de comer gente; me armé de valor y volví a insistir con mi pregunta.

"¿Está bien?"

"¿A qué vienen este tipo de preguntas? Tú sí que sabes... bromear... Hoy hace muy buen tiempo."

Hacía muy buen tiempo, también la Luna estaba resplandeciente. "Pero lo que yo te quería preguntar es si está bien."

Él no me tomó importancia. Me respondió de forma vaga: "No..."

"¡No está bien! ¡¿Entonces cómo es que aun así lo hacen?!"

"Eso nunca ha sucedido..."

"¿Eso no ha sucedido? Ahora comen gente en la Aldea de los Lobos; además en los libros hay registros, ¡de los cuales la tinta todavía está fresca!"

Su rostro cambió abruptamente, se puso lívido. Dijo abriendo bien los ojos: "Tal vez pasó alguna vez, esto siempre ha sido así..."

"¿Y el que siempre haya sido así lo hace que esté bien?"

"Ya no quiero hablar contigo de esto; para empezar ni siquiera deberías hablar de estas cosas, si hablas de esto ¡ese es tu error!"

Me levanté de un salto, abrí bien los ojos, el hombre había desaparecido. Me sudaba todo el cuerpo. Él era mucho menor en edad que mi hermano y aun así resultó que también estaba coludido; definitivamente aprendió de sus padres. Temo que ya le haya enseñado también a su hijo; por lo tanto, hasta los niños me miran con un odio salvaje.

9

Quieren comer gente, sin embargo temen que otros los coman; con ojos de profunda desconfianza, se miran unos a otros con recelo...

Si se libraran de esos pensamientos, podrían atender sus asuntos, andar, comer y dormir con tranquilidad. ¡Qué cómodo sería! Esto es tan sólo un umbral, una frontera. Sin embargo, padres e hijos, hermanos, esposos y esposas, amigos, maestros y alumnos, enemigos y desconocidos, se han unido todos en un solo grupo; se alientan mutuamente, se detienen mutuamente, ni muertos están dispuestos a dar ese paso.

10

Muy temprano por la mañana, fui en busca de mi hermano; estaba parado frente a la puerta de la sala mirando al cielo. Me puse detrás de él, cerré la puerta y le dije de un modo sumamente calmado y amable:

"Hermano, tengo algo que decirte."

"Entonces dilo", volvió el rostro inmediatamente, asintió con la cabeza.

"Son sólo unas cuantas palabras, pero no sé cómo decirlas. Hermano, seguramente en el comienzo, los hombres salvajes comieron todos un poco a otros hombres. Después, debido a que sus inclinaciones eran distintas, algunos ya no comieron más a otros hombres. Decididos a ser buenos, se convirtieron en personas, en verdaderos humanos, pero algunos siguieron comiendo, cual si fueran bichos, algunos se volvieron peces, aves o monos, y siguieron transformándose hasta volverse personas. Algunos no querían ser buenos, a la fecha siguen siendo bichos. Esos hombres que comen hombres, frente a aquellos que no lo hacen, ¡qué vergüenza tan grande! Una vergüenza mucho mayor que aquella de un bicho frente a un mono.

"Yi Ya cocinó a su hijo y se los dio a Jie y a Zhou para que lo comieran[8]. Es una práctica que ha continuado desde la antigüedad. Todo el mundo sabe que desde después de que Pan Gu[9] creara el mundo, han estado comiendo gente hasta comerse al hijo de Yi Ya; desde el hijo de Yi Ya hasta comerse a Xu Xi Lin[10]; desde Xu Xi Lin hasta comerse al tipo que agarraron en la Aldea de los Lobos. El año pasado en la ciudad ejecutaron a un criminal y hubo un enfermo de tuberculosis que remojó un pedazo de pan en su sangre y se puso a lamerlo.

---

8 Se refiere a la leyenda del cocinero Yi Ya (tomada del libro "Guan Zi"), quién cocinó a su propio hijo a fin de darle al emperador un platillo nuevo que probar. Sin embargo, no está citada correctamente, ya que los nombres "Jie" y "Zhou" corresponden a soberanos de dinastías pasadas que no fueron contemporáneos de Yi Ya. Este es uno de los "errores" que menciona el compilador al inicio.

9 Creador del universo de acuerdo a la mitología china.

10 Famoso quién en 1907 asesinó de una puñalada al gobernador de la provincia de An hui. Fue aprendido ese mismo día y ejecutado al día siguiente. Su corazón fue extirpado y comido en señal de venganza.

"Si ellos quieren comerme a mí, tú sólo eres un hombre, no hay mucho que puedas hacer; pero, ¿por qué tuviste que unírteles? Los come-gente, no hay nada que no harían; ellos son capaces de comerme a mí, también son capaces de comerte a ti. Dentro del mismo grupo, también son capaces de comerse entre ellos. Pero sólo hace falta que alguien de un paso, sólo hace falta cambiar inmediatamente y podremos conseguir paz entre la gente. Aunque siempre haya sido de este modo, hoy podemos romper con la norma y buscar el bien, ¡no permitirlo más! Hermano, yo creo que tú puedes oponerte, anteayer cuando aquel campesino quiso reducir las rentas, tú te opusiste."

Al principio sólo se reía con frialdad, después me mostró una mirada feroz, cuando expuse su secreto el rostro entero se le puso lívido. Afuera de la puerta había parado un grupo de gente, el señor Zhao y su perro también estaban dentro de ese grupo, todos se asomaban mientras se acercaban lentamente. A algunos no se les alcanzaba a ver el rostro, como si se lo hubieran cubierto con un trozo de tela; algunos tenían esas expresiones feroces y aterradoras de siempre, sonreían frunciendo los labios. Reconocí bien a este grupo, todos eran de los come-gente. Pero también sabía que sus motivos eran muy distintos. Unos pensaban que, dado que siempre había sido así, había que seguir comiendo; los otros sabían que no debían comer, pero aun así querían hacerlo. Además, temían los delataran, así que en cuanto me oyeron se enfurecieron aún más, pero seguían frunciendo los labios en una fría sonrisa.

En ese momento mi hermano mostró también súbitamente una apariencia aterradora, los disipó gritándoles:

"¡Lárguense todos! ¡¿Qué tiene de atractivo un loco?!"

En ese momento, me di cuenta de otra de sus artimañas. No sólo no estaban dispuestos a cambiar sino que además ya se habían puesto de acuerdo desde el principio; habían acordado ponerme la etiqueta de "loco", así cuando me comieran no sólo no habría problema sino que quizás hasta habría quien simpatizara. Cuando aquel campesino contó lo de que se habían comido todos a un hombre malvado, estaba utilizando justamente esta estrategia. ¡Era este su viejo truco!

El señor Chen entró también, furioso. No importaba como intentaran cerrarme la boca, yo insistía en decirles a ellos: "Ustedes pueden cambiar, ¡cambien desde su conciencia! Deben saber que en el futuro no se tolerará que haya gente come-gente en el mundo.

"Si no cambian, terminarán comiéndose ustedes mismos. Aunque nazcan muchos, serán eliminados por la gente de verdad, ¡como el cazador que termina con todos los lobos! ¡Como si fueran bichos!"

Ese grupo de gente fue ahuyentado por el señor Chen. Mi hermano también desapareció, no supe a donde se fue. El señor Chen me aconsejó que regresara a mi habitación. Adentro del cuarto todo era oscuridad. Las vigas temblaban sobre mi cabeza; temblaron durante un rato, después comenzaron a crecer, apilándose sobre mi cuerpo.

Eran pesadísimas, me era imposible moverme; su intención era matarme. Yo sabía que su peso era falso, me puse a luchar, sudaba profusamente. Aun así seguí diciendo:

"Cambien cuanto antes, ¡cambien desde su conciencia! Deben saber que en el futuro no se tolerará que haya gente come-gente en el mundo..."

II

El Sol no sale, la puerta no se abre, cada día dos comidas.

En cuando aprieto los palillos me viene a la mente mi hermano; sé que la muerte de nuestra hermana menor ha sido también todo a causa suya. En ese tiempo mi hermana tenía apenas cinco años, se veía tan bonita y tan frágil; todavía la tengo frente a mis ojos. Mi madre lloraba sin parar, pero él le decía que no llorara; seguramente porque él se la comió y cuando la oía llorar no podía evitar sentir un poco de remordimiento. Si es que aún podía sentir remordimiento...

A mi hermana pequeña se la comió mi hermano mayor, sobre si mi madre sabía o no, eso no tengo manera de saberlo.

Pienso que mi madre también sabía; no obstante, cuando lloraba, no se le notaba en absoluto. Seguramente también pensaba que así tenía que ser. Recuerdo que cuando tenía cuatro o cinco años, un día que estaba sentado en la entrada de la casa tomando el fresco, mi hermano me dijo que cuando los padres enfermaban, era deber del hijo cortarse un pedazo de carne, cocinarlo y dárselos de comer, sólo entonces podía considerársele una buena persona; mi madre tampoco objetó ni dijo que no fuera cierto. Si se puede comer un trozo de su carne, entonces comerse a la persona entera naturalmente también debe de poderse. Pero la forma en que mi madre lloraba aquel día, ahora que lo recuerdo, en verdad que conmovía a cualquiera, ¡era en verdad extraordinario!

12

No puedo pensar más.

Un lugar que desde hace cuatro mil años ha estado comiendo gente: hoy por fin lo comprendí. Yo también he estado inmiscuido por muchos años; mi hermana murió justo cuando mi hermano atendía las labores del hogar. ¿Quién dice que no la combinó también con nuestra comida, alimentándonos con su carne en secreto?

Puede que, sin saberlo, haya comido varios trozos de la carne de mi hermana y ahora me ha llegado a mí el turno…

Yo, que tengo cuatro mil años de experiencia comiendo gente, aunque al principio no lo sabía, ahora lo entiendo, ¡es muy difícil encontrar gente de verdad!

13

Niños que no hayan comido gente, ¿quizás habrá aún?

Salven a los niños…

Hundirse

Hacía tiempo que se sentía sólo y desamparado.

Su carácter precoz lo había llevado a un estado de incompatibilidad absoluta con sus semejantes. Ese muro que se erguía entre él y el resto del mundo, se hacía cada vez más sólido y más alto.

El clima se enfriaba día con día; ya iba casi medio mes desde que habían iniciado las clases en su escuela. Aquel día era justamente veintidós de septiembre.

El cielo estaba azul y despejado, no se adivinaban nubes en kilómetros a la redonda. El eterno y brillante Sol daba vueltas como siempre sobre su órbita. La brisa que soplaba desde el sur, portando un delicado aroma, acariciaba su rostro como un exquisito vino de jade. En medio de los verdes e inmaduros arrozales, por los caminos curvos como líneas blancas de su provincia, trayendo entre las manos una gruesa antología de poemas de Wordsworth, caminaba sin más, lento y solitario. En el inmenso llano no se atisbaban siluetas de personas por ningún lado: quién sabe de dónde, el ruido de un par de ladridos lejanos llegó volando y se internó melodiosamente en sus oídos. Sus ojos se separaron del libro, girando como en un sueño hacia el lugar de donde provenían aquellos ladridos, mas sólo vio una maraña de árboles y algunas viviendas; sobre las tejas de los techos, como escamas de pescado, una delgada capa espejismos flotaba libre por el aire como telaraña.

—*Oh, you serene gossamer! You beautiful gossamer!*[1]

Gritó esta oración al viento y de sus ojos corrieron dos lágrimas finas y transparentes, sin conocer él mismo el motivo.

Se quedó mirando completamente abstraído durante un buen rato. Sintió de pronto como si un aroma violeta soplara sobre su espalda y luego lo despertó de su ensueño el frágil sonido de un arbusto

---

1 Todo el contenido que aparece en inglés en esta traducción fue escrito también en inglés en la versión original.

que se mecía en el viento a un lado del camino. Volvió la mirada y vio aquel arbusto que seguía meneándose de manera interminable. Una brisa con aroma violeta se esparció delicadamente sobre aquel rostro pálido. En medio de este mundo diáfano de principios del otoño, en medio de este de este éter limpio y transparente, su cuerpo, como intoxicado, comenzó a languidecer. Era como si durmiera una vez más en el regazo materno. Era como si soñara con el origen de las flores de durazno. Era como si estuviera en las costas del sur de Europa, tendido sobre las rodillas de la persona amada, ansiando la siesta.

Miró a su alrededor y le pareció que la vegetación ahí presente le sonreía. Miró el cielo azul inmenso y le pareció que la inmemorial e inagotable naturaleza asentía ligeramente. Se quedó inmóvil, viendo hacia arriba durante un rato, y le pareció que en el cielo bailaban juntos un grupo de ángeles, con alas clavadas en la espalda y arcos con flechas colgados al hombro. Se sintió extremadamente feliz, abrió la boca sin darse cuenta y dijo para sí mismo:

—Este es tu santuario. Allá en el mundo terrenal, los hombres comunes y mediocres te envidian, te tratan con desdén, te humillan y ridiculizan; sólo la naturaleza, este Sol y este cielo, eternos y siempre cambiantes, esta brisa veraniega tardía y este fresco aire otoñal temprano, sólo ellos son aún tus amigos, tu madre, tus enamorados. Ya no necesitas volver a aquel mundo a coexistir con esos hombres y mujeres frívolos, Mejor quédate a envejecer aquí, en el seno de esta naturaleza, en este campo puro y sin adornos.

Al decir esto se sintió desconsolado, como si un millar de penas atravesaran de pronto su pecho de una forma indescriptible. Conteniendo un par de lágrimas cristalinas, sus ojos buscaron de nuevo el libro entre sus manos.

Behold her, single in the field,
Yon solitary Highland Lass!
Reaping and singing by herself;
Stop here, or gently pass!
Alone she cuts and binds the grain,

And signs a melancholy strain;
O, listen! for the Vale profound
Is overflowing with the sound.

Después de leer esta estrofa, cambió de pronto la página y, de forma desordenada, comenzó a leer la tercera estrofa.

Will no one tell me what she sings?—
Perhaps the plaintive numbers flow
For old, unhappy, far-off things,
And battles long ago:
Or is it some more humble lay,
Familiar matter of to-day?
Some natural sorrow, loss, or pain,
That has been, and may be again?

Este era uno de sus hábitos recientes: al leer, lo hacía sin seguir ningún orden. Ya no digamos un grueso ejemplar de varios cientos de páginas, sino que hasta delgados librillos de diez y tantas páginas como el *On Nature* de Emerson o el *Excursion* de Thoreau, no los había leído nunca por completo de principio a fin. Siempre que abría un libro por primera vez y leía algunos renglones o un par de páginas, se sentía conmovido, como si deseara con ansias tragarse aquel libro de un solo bocado, pero al llegar a la tercera o cuarta página, volvía aparecer la lástima en su corazón, como si una voz en su interior dijera:

"Un maravilloso libro como este no debe de leerse de un solo golpe, sino que tiene que ser saboreado lenta y delicadamente. Si lo leo todo de una sola vez, mi fervor y mi esperanza se desvanecerán también, entonces me quedaré sin esperanza, sin sueños.¿Cómo seguir así?"

Aunque por su mente cruzaban dichas ideas, en su interior ya se hacía presente el fastidio. Llegado este momento, dejaba de leer el libro y lo guardaba. Pasaban algunos días o algunas horas y, de nuevo, comenzaba a leer un libro distinto, con la misma emoción y el mismo fervor de la primera lectura; entonces, aquel libro que lo había conmovido unos días o unas horas antes, no podía sino caer en el olvido.

Después de leer en voz alta aquellas dos estrofas de Wordsworth, le dieron de pronto ganas de traducir esté poema al chino:

"La cosechadora solitaria de las tierras altas"[2] Le pareció que el título *The Solitary Highland Reaper*[3] solamente podía traducirse de esta forma.

Mírala, sola en el campo,
¡Aquella cosechadora solitaria de las tierras altas!
Cosechando y cantando sin nadie más;
¡Ahora detente, o pasa suavemente!
Sola corta y ata el grano,
Y canta una tonada melancólica;
Oh, ¡escucha! pues al valle profundo
Lo desborda aquel sonido.

¿No me dirá nadie lo que canta?—
Tal vez los lastimeros números fluyen
Por cosas viejas, infelices y remotas,
Y batallas de hace mucho tiempo:
¿O es acaso un paisaje más humilde,
Familiar a nuestros tiempos?
¿Alguna natural pena, perdida o dolor,
Que ha sido, y tal vez vuelva a ser?

Después de traducir amabas estrofas de corrido, se sintió de nuevo caer en el tedio. Comenzó entonces a mofarse de sí mismo y a autocriticarse:

—¡Pero qué es esto! ¿Acaso no suena igual de insípido que

---

2 Las "traducciones" de los poemas, son originalmente escritas en chino por Yu Dafu, sin embargo las que aparecen aquí son traducciones directas del inglés al español.

3 El título original del poema de Wordsworth es en realidad The Solitary Reaper, pero en la obra original de Yu Dafu aparece como The Solitary Highland Reaper.

los salmos de la iglesia? Los poemas ingleses son poemas ingleses, los poemas chinos son poemas chinos, ¡¿por qué tienes que ponerte a traducirlos y compararlos?!

Al decir esto empezó a reír ligeramente sin darse cuenta. Miró a su alrededor. El Sol comenzaba a ocultarse ya. Al otro lado del llano, sobre el horizonte de oeste, una gran montaña se erguía como flotando; inundada por el brillo de la tarde, emanaba una niebla oscura y confusa que, a su vez, reflejaba un color entre rojo y púrpura.

Se encontraba perplejo, completamente sumido en aquella imagen, cuando de pronto se oyó una tos: a sus espaldas había llegado un campesino. Volvió la mirada y disfrazó inmediatamente su sonrisa de un semblante abatido, como si a su sonrisa le diera miedo ser descubierta.

2

Su depresión se hacía cada vez más grave.

Los libros de texto de la escuela le eran insípidos como bolo masticado y vuelto a masticar. No le interesaban en lo más mínimo. Cuando el día estaba tibio y despejado, corría siempre con un libro de literatura entre las manos hasta las faldas de la montaña o hacia la costa, a donde no había nadie más, y se llenaba los pulmones de esa profunda soledad que se respiraba ahí. En el instante en que reinaba el silencio, en el lugar donde se reflejaban mutuamente el agua y el cielo, miraba la flora y la fauna a su alrededor, miraba el cielo azul y las nubes blancas. Se sentía entonces un hombre enorme y majestuoso, un autárquico y distante ermitaño. A veces se encontraba a algún campesino en medio de la montaña, y creyéndose Zaratustra, se dirigía hacia a él y, en su fuero interno, pronunciaba las palabras de Zaratustra. Su megalomanía iba en proporción directa con su hipocondría, ambas incrementaban con cada día que pasaba. Ya llevaba cuatro o cinco días seguidos sin ir a clase. A veces cuando llegaba a la escuela, sentía que todo el mundo se le quedaba viendo fijamente. Iba de un lado a otro tratando de evitarlos, pero sin importar hacia donde se moviera, parecía que las miradas de sus compañeros, como albergando malas intenciones, se clavaban siempre sobre su espalda.

Durante las clases, aunque se sentaba justo en medio del salón, siempre se sentía profundamente solo; esta soledad que sentía en medio de una multitud era más insoportable que aquella que sentía en un lugar frío y apartado. Todos sus compañeros escuchaban alegres las lecciones del profesor, solamente él desentonaba: aunque estaba sentado en cuerpo dentro del salón, su mente flotaba como una nube dispersa, entregándose a ilimitadas fantasías.

¡Sonaba por fin la campana! Después de que se retiraba el profesor, sus compañeros reían y parloteaban, se alborotaban como pinzones reales recién llegados con la primavera; sólo a él se le veía con el ceño fruncido, parado y sin emitir sonido alguno, como si de la base de la lengua le colgara una piedra gigantesca y pesadísima. Él también quería que sus compañeros se le acercaran a conversar, pero sus compañeros estaban cada quien ocupado en buscar su propia diversión y entretenimiento, y al ver su expresión afligida, no había uno que no huyera despavorido, por lo tanto comenzó a resentirlos cada vez más.

"Ellos son todos japoneses, ellos son todos mis enemigos. Ya llegará el día de mi venganza, el día en que me vengue de todos ellos."

Cuando le llegaba el momento de la rabia y la indignación siempre pensaba en esto, y una vez que se calmaba y ya estaba más tranquilo, no podía evitar sino burlarse de sí mismo:

"Ellos son todos japoneses. Por supuesto que no sienten empatía para contigo. Como quieres obtener su empatía y no puedes, los resientes, ¿qué esto no es error tuyo y no de ellos?"

De entre sus compañeros más curiosos, iba alguno alguna vez a conversar con él. Su espíritu se llenaba entonces de gratitud. Sentía ganas de abrirle su corazón a aquel compañero, mas en la boca siempre se le atoraban las palabras y nunca podía decir nada; por lo tanto, incluso aquellos compañeros que pudieran haber llegado a comprenderlo, se fueron alejando lentamente de él.

Cuando sus compañeros japoneses se reían en grupo, él siempre pensaba que se reían de él, entonces se sonrojaba de inmediato. Cuando conversaban en grupo, si uno de ellos por alguna razón le dirigía una mirada, también se sonrojaba, pues pensaba que hablaban de él. La distancia entre él y sus compañeros se hacía más grande con cada día que pasaba. Sus compañeros, por su parte, pensaban que a él le gustaba estar solo, así que no se atrevían a acercársele.

Un día en el que volvía, mochila al hombro, a la posada donde dormía, caminaban a su lado tres estudiantes japoneses. Cuando estaba por llegar a la posada, vio de pronto venir de frente a dos colegialas con faldas rojas. En esa área de los suburbios nunca se veían estudiantes mujeres, por lo tanto en cuanto vio a aquellas dos muchachas se le agitó la respiración. Al cruzar camino los cuatro varones y las dos mujeres, los tres muchachos que venían a su lado saludaron a las chicas:

—¿A dónde van?

Aquellas colegialas contestaron con voz dulce y coqueta:

—¡No sabemos!

—¡No sabemos!

Los tres estudiantes japoneses sonrieron con orgullo; solamente él, como si hubiera sido él mismo quien hablara con las muchachas, sintió una profunda vergüenza y echó a correr hacia la posada. Entró a su cuarto, aventó los libros con fuerza y se acostó sobre la colchoneta. Su corazón latía con descontrol. Torció un brazo a modo de almohada y con el otro se presionó el pecho. Comenzó entonces a maldecirse:

—*You coward fellow, you are too coward!*

—Si te dio vergüenza, ¿de qué te arrepientes? Y si de todos modos vas a arrepentirte, ¿por qué no te armaste de valor entonces e intercambiaste con ellas un par de saludos?

—*Oh, coward, coward!*

Al decir esto le vino a la mente de pronto la mirada de aquellas muchachas. ¡Esos dos pares de ojos alegres y vívidos! Aquellos dos pares de ojos contenían en su interior sin lugar a dudas una grata sorpresa. Pero luego reflexionó detalladamente y comenzó de pronto a gritar de nuevo:

—¡Idiota! ¡Idiota! Aunque ellas se notaban interesadas, ¿eso qué tenía que ver contigo? Aquellas dulces miradas, ¿acaso no iban todas dirigidas a los tres japoneses? ¡Ay! ¡Ay! Ellas ya sabían bien que soy chino, ¡¿sino por qué no me miraron a mí también?! ¡Venganza, venganza! ¡Llegará el día en que me vengue de ellas!

Al decir esto, por aquellas mejillas encendidas comenzaron a rodar frías lágrimas. Se sentía herido hasta el extremo. Aquella noche escribió en su diario:

"Para qué me molesto en venir hasta Japón, para qué me molesto en estudiar. Ya que he venido a Japón, naturalmente he tenido que soportar sus insultos y vejaciones. ¡China! ¡Ay, China! Cómo es que aún no te vuelves a levantar. Ya no puedo seguir soportando más.

¿Qué acaso en mi tierra natal no hay hermosas montañas y espléndidos ríos? ¿Qué acaso en mi tierra no hay bellas y delicadas mujeres? ¿Por qué he tenido que venir a esta isla del Mar del Este?

Si ya he venido a Japón, ¿qué más da? Pero, ¿¡por qué he tenido que entrar a esta maldita escuela!? Aquellos que sólo estudian en el extranjero por cinco o seis meses, ¿acaso no gozan de gloria y tranquilidad a su regreso? ¿Cómo he de soportar yo los siguientes cinco o seis años? Y cuando vuelva, después de haber resistido infinitos tormentos y con diez y tantos años de estudios a cuestas, ¿es que acaso alguien me asegura que me irá mejor que a aquellos que sólo viajan al extranjero para divertirse y perder el tiempo?

Si bien la vida es larga, durante la juventud sólo tenemos siete u ocho años de esplendor. Estos años, que son los más puros y bellos, me veré obligado a gastarlos en vano en esta isla despiadada. ¡Pobre de mí que ya he cumplido veintiún años!

¡Un árbol marchito de veintiún años!

¡Un montón de cenizas de veintiún años!

¡Sería mejor que me convirtiera en un mineral! ¡Tal parece que en mi vida ya nunca nada florecerá!

Ya no quiero ni saberes ni honor ni gloria, sólo quiero un "corazón" que me consuele y que me entienda. ¡Un corazón puro y encendido! ¡La compasión que salga de dicho corazón!

¡El amor que salga de esa compasión!

¡Lo que pido es justamente amor!

Si hubiera una bella dama que pudiera entender mi pena, si ella quisiera mi muerte a cambio, yo se la daría.

Si hubiera alguna mujer, sin importar que fuera bella o no, que pudiera amarme sinceramente, yo estaría dispuesto a morir por ella.

¡Escúchame, cielo! No quiero conocimiento, no quiero fama ni gloria, tampoco quiero dinero ni riquezas inútiles. Si me concedes una Eva del Jardín del Edén, si haces que su alma y su cuerpo sean sólo míos, entonces mi corazón quedará satisfecho."

3

Su tierra natal era un pequeño pueblo a la orilla del río Fuchun. En barco desde Hangzhou, no estaba a más de ochenta o noventa *li*[4]. El río Fuchun nace en Anhui y atraviesa toda Zhejiang. Su forma es ondulada y su paisaje, cambiante. Hubo un poeta de la dinastía Tang que lo elogió diciendo: "Todo el río es como una pintura". Cuando él tenía catorce años, le pidió a un señor que le escribiera estos cuatro caracteres[5] y los colgó en su estudio[6] porque la ventana daba al río. Aunque era un estudio pequeño, desde él podían apreciarse todo tipo de paisajes. En verdad que podía competir con la Mansión del Rey de Teng[7]. Después de haber pasado diez y tantas primaveras y veranos en aquel reducido estudio, fue que llegó a Japón con su hermano mayor.

Perdió a su padre cuando tenía tan sólo tres años. En aquella época su familia atravesó por las más arduas dificultades. Tras mucho esfuerzo, el mayor de sus hermanos consiguió graduarse de cierta universidad de Japón, después regresó a Pekín y tras aprobar los exámenes imperiales[8], fue asignado a servir en el Tribunal de Justicia; no había servido siquiera dos años cuando estalló la revolución en

---

4 Unidad de medida equivalente a medio kilómetro.

5 La frase "Todo el río es como una pintura", consta de cuatro caracteres en su versión original en chino: 一川如画

6 En china es común colgar cuadros con caracteres de gran tamaño como decoración.

7 "La Mansión del Rey de Teng" es un poema de la dinastía Tang, escrito por Wang Bo, que describe la morada de un soberano que yace en lo alto de una montaña frente al río, y desde la cual se puede observar un espléndido paisaje.

8 El sistema de exámenes imperiales se practicó en China durante siglos y su función principal era seleccionar a los funcionarios de gobierno.

Wuchang[9]. En ese momento él ya se había graduado de la primaria de su condado, y se la pasaba brincando entre una secundaria y otra. Los de su familia le echaban en cara su falta de perseverancia. Decían que su humor era demasiado inestable. Sin embargo, él mismo pensaba que era distinto a sus compañeros. Le era imposible estudiar de forma aburrida y acartonada en un sólo lugar como el resto de los estudiantes; por lo tanto, después de entrar a una cierta secundaria K, no pasaba medio año y ya se había cambiado de pronto a cierta secundaria H. Cuando llevaba tres meses viviendo en aquella secundaria H, justo entonces comenzó la revolución. Después de que la secundaria H suspendiera clases, regresó como en el pasado a su pequeño estudio.

A la primavera siguiente, justo cuando tenía diecisiete años, entró de nuevo a la secundaria H a tomar el curso de preparación para la universidad[10]. Esta universidad estaba a las afueras de Hangzhou. Había sido fundada con la donación de una iglesia presbiteriana de Estados Unidos, por eso dentro de la escuela se respiraba una atmósfera autocrática y asfixiante. La libertad de los estudiantes era tan reducida como el ojo de una aguja. Los miércoles había que asistir a un grupo de oración, los domingos no sólo no estaba permitido salir a pasear, sino que tampoco podía uno quedarse en casa a leer lo que quisiera. Aparte de cantar salmos y rezar, sólo estaba permitido leer los libros del viejo y el nuevo testamento; cada mañana entre las nueve y las nueve y veinte había que ir a escuchar misa: faltar equivalía a perder puntos. Aunque amaba las montañas y los ríos que rodeaban a la escuela, siempre sintió en su interior un espíritu de oposición, pues amaba la libertad y no se resignaba a aceptar esas restricciones supersticiosas. Cuando llevaba viviendo ahí medio año, el cocinero de la escuela comenzó a golpear de pronto a los estudiantes con el respaldo del director. Hubo varios estudiantes que se opusieron y fueron a quejarse con el director, pero él le dio la razón al cocinero. Cuando vio esto pensó que ya era demasiado, así que renunció enseguida y volvió una vez más a casa, a encerrarse en su pequeño estudio. Para entonces ya eran principios de junio.

---

9 Referencia a la Revolución Xinhai de 1911, que inició con la Rebelión de Wuchang.

10 En este contexto, la secundaria es la institución que va inmediatamente antes de la universidad, y se encuentra a menudo anexa a ésta.

Vivió en casa durante tres meses. Cuando el viento otoñal comenzaba a soplar sobre el río Fuchun y de los árboles a las orillas comenzaban a caer las hojas, se montó en un barco y navegó río arriba rumbo a Hangzhou. Justo en ese momento, cierta secundaria W se encontraba aceptando estudiantes. Él fue a ver al director, un hombre de apellido M, y le contó a él y a su esposa su historia, gracias a lo cual, le permitieron quedarse; lo asignaron a la clase más avanzada. La escuela M era también un antiguo colegio de misioneros y el director M era también un atolondrado predicador estadounidense; vio que los contenidos en esta escuela eran peores que los de la escuela H. Tuvo un altercado con un ruin y aborrecible decano, que también era graduado de la escuela H, y llegada la primavera del año siguiente, se fue. Habiendo salido de la escuela W , no le parecía que ninguna otra escuela de Hangzhou pudiera cumplir con sus expectativas, así que decidió ya no ir en busca de otra escuela.

Mientras tanto, en Pekín su hermano mayor había sido removido de su cargo. Él era una persona sumamente honesta. Se desempeñaba dentro de su cargo de forma imparcial e incorruptible, además de poseer más conocimientos que la mayoría de los funcionarios del Tribunal, por lo tanto sus superiores y sus inferiores le temían por igual. Un día, el conocido de un viceministro vino a pedirle una posición; como se negó a dársela, aquel viceministro presentó una queja. A los pocos días presentó su renuncia dentro del tribunal y aceptó un cargo en un órgano judicial menor. El segundo hermano se encontraba alistado entre las tropas de Shaoxing; este hermano siempre tuvo marcado carácter militar. Le gustaba derrochar el dinero y hacer amigos con jóvenes audaces y heroicos. De los tres hermanos, llegado este punto, ninguno podía obrar a voluntad. Por lo tanto, la gente del pueblo decía que su Fengshui[11] se había roto.

Después de volver a casa, se pasaba noche y día encerrado en su pequeño estudio. Los libros de sus hermanos y aquellos que habían pertenecido a su padre se convirtieron en sus amigos y sus maestros.

11 Antiguo sistema filosófico chino. Aquí se hace referencia a una ruptura en la armonía natural de las cosas.

Día tras día escribía poemas en su diario. A veces también se sentaba a escribir historias fantásticas y bellas; dentro de estas historias se escribía a sí mismo como un valiente y apasionado caballero, a las hijas de la viuda de al lado las pintaba como nobles herederas de algún reino, los paisajes de su tierra le servían como escenarios; cuando estaba de buen humor, traducía sus historias a otros idiomas; sus fantasías se hacían cada vez más grandes y más profundas. Más o menos por ese tiempo fue que se gestaron las raíces de su depresión.

Vivió en casa medio año y a mediados de julio, recibió una carta de su hermano el mayor que decía:

"En mi trabajo están mandando gente a Japón a realizar prácticas judiciales. Ya me ha dado su aprobación el jefe de departamento. Calculo que recibiré instrucciones en un par de días. Antes de partir hacia el este volveré a casa. Que sigas viviendo en casa no me parece la mejor opción. Debes ir conmigo a Japón."

Después de recibir la carta, esperó con emoción el arribo de su hermano. Llegados los últimos días de septiembre, su hermano volvió a casa desde Pekín junto con su esposa. Se quedaron ahí un mes, luego partieron juntos los tres hacia Japón.

Después de llegar a Japón, aún no despertaba de sus *dreams of the romantic age.* Medio año transcurrió de forma confusa. Aprobó el examen de admisión para la Escuela Superior No. I de Tokio. Eso fue en el otoño del año en que cumplió diecinueve.

Poco antes de comenzar las clases, su hermano recibió órdenes de regresar, así que lo encomendó en la casa de una familia japonesa y, pocos días después, partió junto con su esposa y su hija recién nacida rumbo a China.

En la Escuela Superior No. I de Tokio había un curso propedéutico diseñado especialmente para estudiantes chinos. Había que tomar dicho curso durante un año y, sólo después de terminarlo, se podían iniciar los estudios regulares, en compañía de estudiantes japoneses. Antes de iniciar el curso, él había elegido el área de humanidades en su solicitud, pero al de terminarlo, su hermano le dijo que era mejor que se cambiara al área de medicina. No puso gran resistencia y obedeció, cambiando de área.

Al terminar el curso propedéutico, escuchó que acababan de abrir una escuela superior en cierta ciudad N y que, además, dicha ciudad N era hogar de muchas mujeres bellas, así aplicó para cambiarse a la escuela superior de la ciudad N.

4

La noche del veintinueve de agosto del año en que cumplió veinte, tomó él solo el tren nocturno que iba de la Central de Tokio a la ciudad N. Aquel día era el tercero o cuarto del mes de acuerdo al calendario lunar. El cielo, entre azul y morado, suave como plumón de ganso, estaba repleto de estrellas. La luna creciente colgaba sobre el cielo de occidente, mas parecía que las hadas aún no se pintaban las cejas con su pigmento esmeralda. Iba solo, recargado sobre la ventana de aquel tren de tercera clase, contando las luces de las casas a lado del camino. El tren avanzaba lentamente en medio de la noche. Las luces de la gran capital comenzaron a apagarse lentamente y sintió de pronto en el pecho una infinita pena que lo oprimía. Los ojos se le comenzaron también a calentar.

—*Sentimental, too sentimental!* —dijo de pronto.

Se talló los ojos y comenzó a reírse de sí mismo:

"No tienes amigos ni familia ni una amante en Tokio, ¿¡por quién derramas esas lágrimas!? ¿Te da nostalgia tu vida pasada? ¿Son emociones guardadas del último par de años? Sin embargo, ¿no decías tú a menudo que no te gustaba Tokio?

"¡Ay! ¿Acaso se puede vivir un año en un lugar sin tomarle afecto?

"¡Las oropéndolas que tanto tiempo me acompañaron, ahora cantan sin cesar!"[12]

Siguió entregado a vanas y desordenadas reflexiones durante un rato y luego le vino de pronto a la mente la imagen de los puritanos

---

12 Fragmento de un poema del poeta Rong Yu de la dinastía Tang, que habla de un hombre que deja el lugar en el que ha vivido por mucho tiempo.

cuando llegaron al Nuevo Mundo.

"Aquellos exiliados que erraban llevando su cruz, cuando dejaron sus tierras también deben haber sentido una profunda pena, justo igual que yo."

Al pasar el tren por Yokohama, sus emociones se fueron calmando poco a poco. Se quedó sentado sin hacer nada durante un rato y luego sacó una postal y la colocó encima de una antología de poemas de Heine. Tomó un lápiz y comenzó a escribir un poema para enviárselo a su amigo en Tokio:

Los sauces reverdecen bajo la luna de Emei,
Otra vez vuelvo a partir de mi hogar.
Afuera en los pabellones se bebe y se juega,
Voy dejando atrás las luces en las calles.

No derramó más lágrimas por el caos de juventud,
Mi pobre equipaje no son más que libros rotos.
El carrizo crece en el agua en medio de la noche,
Van los hombres en busca de peces hacia el sur.

Se estuvo sentado un rato bajo la tenue luz de la lámpara. Luego abrió la antología de Heine y se puso a leer.

Lebet Wohl, ihr glatten Saale,
Glatte Herren, glatte Frauen!
Auf die Berge will steigen,
Lachend auf euch niederschauen!

——*Heine's* Harzreise

(Mundo terrenal y perecedero,
Hombres y mujeres adormecidos.
Mira aquellas montañas a lo lejos,
Quisiera montarme al viento y volar libre.
Espera, espera.

Pues desde las cimas más altas,
Me reiré y miraré el desenlace final[13])

El ruido monótono de las ruedas entraba segundo a segundo por sus oídos. No pasaron ni treinta minutos, cuando este sonido hipnótico ya lo había llevado hasta la tierra mágica de los sueños.

Al dar las cinco de la mañana, el cielo comenzó a clarear. Vio por la ventana una franja de cielo azul que aún estaba cubierta de noche. Estiró la cabeza para asomarse un poco más y observó que una capa de niebla envolvía a aquel paisaje natural. Pensó: "Después de todo hoy hace un buen día de otoño. Mi suerte no se puede considerar tan mala."

Tras una hora, el tren llego a la estación de la ciudad N. Al bajar, se encontró en la estación con un estudiante japonés; vio que en la gorra de su uniforme había también dos líneas blancas. Supo enseguida que se trataba de otro estudiante de una escuela superior. Se detuvo frente a él, se quitó el sombrero y le preguntó:

—¿En dónde se encuentra la Escuela Superior No. X?

Aquel estudiante le respondió:

—Sígueme, vamos juntos.

Ambos salieron juntos y abordaron el trolebús frente a la estación.

Era todavía muy de mañana. Las tiendas de la ciudad N aún no se encontraban abiertas. Anduvo en el trolebús con aquel estudiante y, después de pasar varias calles frías y solitarias, se bajaron frente al Parque de la Danza de las Grullas. Entonces le preguntó a aquel estudiante japonés:

—¿Todavía está muy lejos la escuela?

—Aún quedan un poco más de dos *li* de camino.

Atravesaron el parque. Cuando llegaron al estrecho camino que cruzaba los arrozales, el Sol ya se había elevado. Las gotas de rocío descansaban como perlas sobre las plantas de arroz. De frente había

13 Esta es una traducción hecha a partir de la traducción al chino que aparece en la obra original de Yu Dafu.

un tramo de bosque a la sombra, en el cual se dibujaban dispersas las siluetas de algunas casitas rurales. Un par de chimeneas sobresalían de entre los techos de las casitas, flotaban difusas entre el aire fresco de la mañana. También flotaban a lo lejos un par de líneas de humo. Supo entonces que en aquellas viviendas ya preparaban el desayuno.

Llegó a una posada cercana a la escuela a preguntar. Vio que el equipaje que había enviado una semana atrás ya había llegado. Al parecer en aquella posada ya habían vivido estudiantes chinos en el pasado, por lo que el dueño le mostró un trato afable y solícito. Se instaló en la posada y le pareció que en su futuro le aguardaban muchas alegrías.

Las ilusiones sobre su futuro se vieron ridiculizadas por sus circunstancias aquella misma noche. Su tierra natal era un pueblo pequeño. Después de llegar a Tokio, aunque a menudo se sentía solo entre los ríos de gente, la verdad es que la vida citadina ciertamente no tenía gran diferencia con aquellos años de su infancia. Ahora que había llegado a las afueras rurales de aquella ciudad N, la posada en la que viviría era una casita aislada sin vecinos alrededor: la puerta de la izquierda daba a una larga vereda, le puerta trasera daba a los arrozales y al oeste había un estanque. Además, como la escuela todavía no iniciaba clases, los demás estudiantes aún no llegaban; en aquella espaciosa morada él era el único huésped. Durante el día aún le fue posible aguantar, pero al caer la noche miró por la ventana y observó como la oscuridad cubría todo alrededor. Además, cerca de la escuela había un llano, así que vio la noche extenderse interminable sin encontrar obstáculos ni barreras de ningún tipo; a lo lejos aparecían destellos de luces intermitentes, como si el bosque estuviera poblado de fantasmas. Por el techo de la posada corrían ratas e insectos en busca de alimento. Tras la ventana, el viento suave agitaba las hojas de los árboles. Cómo vivía en el piso de arriba, el susurró de aquellas hojas sonaba fuerte en sus oídos, lo asustaba casi al punto de echarse a llorar. Nunca había sentido una nostalgia tan fuerte por su tierra como la que sintió aquella noche.

Después de comenzar las clases, el número de estudiantes fue incrementando poco a poco. Él, que tenía un carácter tan sensible, comenzó a fundirse con el cielo y con la tierra, con los bosques y los ríos. No pasó medio año y ya se había convertido en un siervo de la Madre Tierra, como si no pudiera separarse ni un minuto del encanto de la naturaleza.

Su escuela estaba a las afueras de la ciudad N. Recién dijimos que en las cercanías se ubicaba un llano, por lo cual, los horizontes alrededor de la escuela eran lejanos e interminables. En ese tiempo, la industria en Japón no estaba aún muy desarrollada, su población tampoco había crecido tanto como ahora, por eso a los costados de su escuela todo eran árboles y terrenos baldíos, rodeados de pequeñas y abundantes colinas. A excepción de algunas tiendas y restaurantes para estudiantes, en las cercanías no había pobladores. En medio del páramo brillaban como estrellas unas cuantas posadas para estudiantes, dispersas y alejadas en medio de trigales y tierras fértiles. Después de la cena, se ponía su negro abrigo de lana y salía a dar largas caminatas bajo Sol poniente, hallaba en esto una infinita alegría. Parecía que su entusiasmo por lo natural se había gestado precisamente en medio de aquellas *Idyllic Wanderings*.

No luchaba con ferocidad contra la vida, sino que se dejaba llevar con libertad, igual que en los tiempos antiguos; en medio del aire puro y fresco, vivía en aquel lugar simple y acogedor, sin mezclarse con aquellos pequeños hombres y mujeres del pueblo. La vida transcurría como un sueño. En un abrir y cerrar de ojos, ya había pasado medio año desde su llegada a la ciudad N.

La brisa de la noche soplaba, la vegetación ya comenzaba a reverdecer. El trigo crecía también cada día más. La flora y fauna comenzaba a multiplicarse. Esa tristeza que había heredado de sus ancestros se hacía cada vez más pesada, los pecados que cometía bajo sábanas cada mañana se hacían cada vez más frecuentes.

Él era un individuo que amaba la pureza, sin embargo cuando pasaban por su mente esos pensamientos pecaminosos, su intelecto se volvía inútil, su noble corazón se paralizaba y le era imposible cumplir la máxima de "no profanar el cuerpo" que le habían inculcado desde niño. Después de pecar sentía profunda vergüenza y culpa. Juraba, apretando los dientes, que no volvería a hacerlo, pero al llegar el día siguiente, todo tipo de fantasías volvían a desfilar frente a sus ojos. La

Eva con la que tanto soñaba venía a tentarlo, completamente desnuda. Pensar en la figura de una *madam* madura, enardecía sus sentidos más que la imagen de una joven virgen. Se angustiaba y luchaba, pero siempre terminaba prisionero de aquellas imágenes. Así, de la primera vez nació la segunda y después de la segunda, se convirtió en hábito. Después de haber pecado, iba a menudo a la biblioteca a buscar libros de medicina. En todos los libros sin excepción, estaba escrito que lo más dañino para el cuerpo era precisamente ese acto infame. Desde que supo esto, su miedo empezó a incrementarse día tras día. Un día se enteró, quién sabe cómo, de que el autor ruso Gogol también pecaba de la misma manera, y que nunca cambió durante toda su vida. Entonces pensaba en Gogol y su interior se tranquilizaba sabiendo que el autor de *Almas Muertas* era igual que él. Sin embargo esto era tan sólo una forma de calmarse y consolarse a sí mismo, pues su corazón vivía en un estado de perpetua angustia.

Como amaba la pulcritud, se bañaba todos los días; cómo tenía el más alto aprecio por su cuerpo, todos los días comía algunos huevos y bebía algo de leche. Sin embargo, siempre que se bañaba o comía huevos o tomaba leche se sentía sumamente avergonzado, pues sentía que esto no hacía más que evidenciar su pecado.

Sentía su cuerpo irse debilitando poco a poco, su memoria irse deteriorando día con día. Comenzó a desarrollar un temor de ver a la gente a la cara. Cuando veía a alguna mujer se sentía todavía más oprimido. Comenzó a aborrecer también los libros de texto de la escuela. Leía con avidez las novelas del naturalismo francés y se sabía casi de memoria algunas lascivas novelas chinas.

A veces escribía algún poema que le gustaba mucho, y en esos momentos pensaba que su mente no estaba aún rota del todo. Entonces se juraba a sí mismo: "Mi mente aún no está arruinada, todavía puede crear poemas como estos. De hoy en adelante ya no pecaré. No puedo cambiar el pasado, pero si me detengo ahora, mi mente aún tiene remedio."

Sin embargo, cuando le llegaban aquellos momentos de tensión, olvidaba de pronto su juramento.

Los jueves o viernes, o los veintiseises o veintisietes de cada mes, se entregaba sin miramientos a su placer. Se decía a sí mismo que a partir de la semana siguiente o del mes siguiente dejaría de pecar. A veces, algún sábado o fin de mes, se bañaba y se iba a cortar el pelo, y pretendía que esto fuera el signo de su nueva vida, pero pasaban algunos días y no podía más que volver a comer huevos y beber leche.

Su miedo y su remordimiento no lo dejaban en paz ni un sólo día. Su depresión también había ido en aumento desde entonces. Cuando llevaba un par de meses en este estado, en su escuela comenzaron las vacaciones de verano. Durante los dos meses de descanso, sus sufrimientos se incrementaron todavía más; cuando las clases comenzaron de nuevo, sus pómulos se observaban más pronunciados, sus ojos apagados se habían hecho más grandes, sus pupilas que en otro tiempo lucieron animadas, ahora parecían los ojos de un pescado muerto.

5

El otoño llegó de nuevo. El vasto cielo se elevaba cada día más. Los trigales de contiguos a la posada desprendían un brillo dorado. El viento helado cortaba como cuchillo, calando hasta los huesos. Los bellos días entre otoño e invierno ya no estaban muy lejos.

Una tarde de la semana anterior, había salido con su antología de Wordsworth a caminar libremente por la vereda. Desde aquel día su recurrente depresión no lo había vuelto a abandonar. La imagen de aquellas dos colegialas que se habían cruzado en su camino persistía en su mente, no lo dejaba tranquilo; cuando pensaba en aquel suceso no podía evitar sonrojarse.

Últimamente se sentía incómodo en todos los lugares a los que iba. Cuando asistía a clases sentía que todos sus compañeros japoneses lo rechazaban. Hacía mucho tiempo que tampoco iba a visitar a sus amigos chinos porque le parecía que era en vano. Sus compañeros chinos tampoco lo comprendían. Cada que iba a visitarlos buscaba su compasión y entendimiento, pero en cuanto intercambiaban algunas palabras, se arrepentía de inmediato. A veces cuando la conversación era amena, sentía tibio el corazón y se aventuraba a contarles de su vida, pero en el camino de regreso siempre se arrepentía de su indiscreción. El remordimiento era entonces peor que si nunca hubiera ido a visitarlos. Sus amigos chinos comenzaron a decir entonces que se había enfermado de la cabeza. En cuanto se enteró de esto, comenzó a sentir una sed de venganza contra ellos, igual a la que sentía por los estudiantes japoneses. Comenzó a alejarse cada vez más de compañeros chinos. Aunque se los encontrara en el camino o en la escuela, no los saludaba. Tampoco iba nunca a las juntas de estudiantes chinos. Por lo tanto, parecía que él y sus compatriotas se habían vuelto enemigos de dos bandos distintos.

Entre sus compañeros chinos, había uno que era sumamente extraño: como había una especie de situación moralmente turbia relacionada con su matrimonio, se dedicaba exclusivamente a hablar mal de los demás, ocultando así sus propias fallas. El que comenzó a decir que él estaba enfermo de la cabeza, fue justamente este compañero.

Después de que rompió relaciones con todo el mundo, su desamparo y su soledad lo llevaron a extremos casi al punto del suicidio. Por fortuna vivía en aquella posada, en donde la hija del dueño le brindaba un poco de consuelo a su corazón. Si no, en verdad se hubiera suicidado. La hija del dueño de la posada cumplía diecisiete este año, tenía un rostro rectangular y unos ojos grandes y vivarachos que brillaban cuando reía mostrando sus relucientes dientes, y como sabía que su risa era agradable y bella, se la pasaba riendo todo el día.

Aunque la quería mucho, cada que ella iba a llevarle comida o a tender las camas, él mostraba un semblante imperturbable y serio. Aunque moría de ganas por hablar con ella, en cuanto la veía la boca se le cerraba y nunca podía decir nada. Cuando ella entraba a su cuarto, él se quedaba casi sin respiración. En verdad que sufría mucho ante su presencia. Por eso, últimamente, cada que ella entraba a su cuarto, él salía huyendo despavorido. Aunque estimaba mucho el corazón de aquella muchacha, cada día se sentía más oprimido. Un sábado en que los estudiantes de la posada fueron juntos a la ciudad N a pasear, él como no tenía dinero, se limitó a dar un paseo por el estanque después de la cena y regresó temprano a casa.

Después de volver a la posada se estuvo sentado un rato. Sintió que en aquel espacioso segundo piso se encontraba él solo, sin nadie más. Se sentó en silencio durante un largo rato, mas luego se impacientó y le dieron ganas de volver a salir. Pero para volver a salir necesitaba pasar forzosamente por la entrada del cuarto del dueño de la posada, porque el cuarto en el que vivía el dueño junto con su hija estaba justo a un lado de la entrada principal. Recordó que hacía un momento, cuando entró, el dueño y la hija se encontraban cenando. El pensamiento de pasar frente a la muchacha lo angustió y sus intenciones de volver a salir se desvanecieron.

Tomó un una novela de G. Gissing y leyó tres o cuatro páginas. En medio del silencio, escuchó de pronto ruidos de agua que caía en algún lugar. Guardó absoluto silencio y escuchó con atención. La respiración se le aceleró en un instante, el rostro se le sonrojó también. Vaciló durante un momento y luego abrió cuidadosamente la puerta del cuarto. Ni siquiera se puso las sandalias. Bajó por la escalera procurando no emitir sonido alguno. Abrió delicadamente la puerta del baño y se quedó petrificado, viendo a escondidas por la ventana. Por la ventana del baño de aquella posada se podía observar el interior del cuarto donde estaba la regadera. Al principio había planeado sólo echar un vistazo e irse, pero en cuanto comenzó a mirar pareció como si lo hubieran clavado contra la ventana y permaneció completamente inmóvil.

¡Aquellos pechos blancos y suaves como la nieve!

¡Aquellos pálidos y delicados muslos!

¡Todas las curvas de ese cuerpo!

Se quedó sin respirar mientras miraba con detenimiento, todos los músculos de la cara de le contrajeron. Entre más veía, más temblaba, y aquel temblor hizo que su frente pegara de pronto contra la ventana. Aquella *Eva* desnuda que yacía envuelta en una nube de vapor se incorporó de pronto y dijo con su tersa voz:

—¿Quién anda ahí?...

Sin hacer ningún ruido, salió del baño de un salto y echó a

correr hacia el piso de arriba.

Entró corriendo a su cuarto con la cara roja, como si se le estuviera quemando. Sintió entonces una sed profunda. Pegándose repetidamente en la boca, se echó encima las cobijas e intentó dormir. Se movía de un lado para otro sobre la cama, y como no lograba quedarse dormido, afinó el oído e intento escuchar lo que pasaba en el piso de abajo. Escuchó que el sonido del agua ya había cesado y que la puerta del baño se abría, luego oyó las pisadas de ella subiendo por la escalera hacia el piso de arriba. Se cubrió la cabeza con la cobija y sintió que sus oídos le decían con claridad: "Ella ya está parada en el umbral de la puerta".

Sintió que toda la sangre del cuerpo se le subía de un golpe a la cabeza. Se sentía tremendamente temeroso y avergonzado, pero también sentía que eso le gustaba mucho; sin embargo, si alguien se lo preguntara, negaría a toda costa que aquello le gustaba.

Contuvo la respiración y afinó el oído, cuando le pareció que de la puerta no se escuchaba ningún ruido tosió a propósito, pero la puerta continuó en completo silencio. Se encontraba vacilante cuando de pronto escuchó la voz de aquella muchacha: conversaba con su padre en el piso de abajo. Apretando sus manos sudorosas, trató de escuchar lo mejor que pudo, pero por más que quiso no pudo entender lo que decían con claridad. Las voces se detuvieron por un instante y luego escuchó que el padre comenzó a soltar varias carcajadas. Volvió a cubrirse la cabeza con la cobija y apretó los dientes diciendo:

—¡Ella le ha dicho a su padre! ¡Le ha dicho!

Esa noche no pudo dormir. A la mañana siguiente, cuando el día ya estaba claro y fresco, bajó de forma asustadiza por la escalera. Se lavó la cara y se cepilló los dientes. Luego aprovechó que el padre y la hija aún no se habían levantado para salir huyendo hacia las afueras como un fugitivo.

El polvo del camino se mezclaba con el rocío de la mañana, el cual aún no se secaba. Comenzó a caminar sin rumbo hacia el este. A lo lejos venía lento un campesino, arrastrando una carreta repleta de vegetales. Cuando cruzaron camino, aquel campesino le dijo a modo de saludo:

—¡Buenos días!

Él se sorprendió y se sonrojó de un golpe, el corazón se le

alebrestó y pensó para sí: "¿Qué acaso este campesino también ya se ha enterado?"

Corrió despavorido durante un buen rato, luego volvió la mirada y vio que su escuela ya había quedado muy atrás. El Sol brillaba en lo alto, quiso ver su reloj y se percató de que no lo traía consigo. Por la posición del Sol debían de ser alrededor de las nueve. Aunque ya tenía mucha hambre, no estaba dispuesto a volver a aquella posada y encontrarse con el dueño y con la hija sin importar qué. Pensó en ir a comprar algunos bocadillos para calmar su hambre, hurgó entre sus bolsillos y se dio cuenta de que le quedaban un *jiao* y un *fen*[14]. Llegó hasta una tienda y se gastó el dinero en algunos bocadillos, luego fue en busca de un lugar tranquilo donde comer. Caminó hasta una intersección en forma de cruz, miró hacia el sur y clavó la mirada en aquel sendero que corría de norte a sur e interceptaba al camino por el cual había llegado. Había poquísima gente. Aquel sendero continuaba descendiendo hacia el sur; a ambos lados lo cercaban altos muros. Él sabía que aquel sendero nacía en lo alto de una cadena de pequeños montes. El camino por el cual había llegado era justamente la cresta de esa cadena y aquella intersección era el centro, así que los muros de aquel sendero iban cuesta abajo sin importar si se iba hacia el norte o hacia el sur. Vaciló parado en la intersección durante un rato y luego comenzó a descender por el sendero que iba hacia el sur. Allá donde terminaban sus muros, aquel sendero se extendía cruzando el llano, llegando hasta el otro lado, donde comenzaba el interior de la ciudad. Al otro lado del llano había un profundo bosque que dibujaba el contorno del vasto cielo. Pensó: "Por aquí debe estar el templo A."

Caminó hasta que los muros se terminaron. Dirigió la mirada hacia la izquierda y vio que en la colina que se ocultaba detrás de la pared había un parapeto que rodeaba a varias cabañas con techos de junco. Colgada en alto sobre la entrada había una tabla de madera que tenía inscritos los caracteres *xiang xue hai*[15]. Se alejó unos pasos de aquel sendero y llegó hasta el parapeto, empujó las delgadas puertas

14 Un fen es el céntimo de un yuan (RMB). Diez fen equivalen a un jiao.

15 Xiang xue es otro nombre que se le da en chino al ciruelo; hai significa mar. Una posible traducción sería "mar de ciruelos".

de madera con delicadeza y éstas se abrieron de par en par. Entró entonces con desenfado: dentro había un sendero ondulado que comenzaba en la entrada, atravesaba la pendiente y subía por la colina. A ambos lados del sendero se erguían uno tras otro altos y añejos ciruelos. Supo entonces que aquel lugar era justamente un jardín de ciruelos. Siguió el sendero subiendo por la pendiente hacia el norte y, al llegar a la cima de la colina, apareció ante sus ojos una planicie que parecía sacada de un cuadro. El jardín comenzaba a los pies de la colina, subía por la pendiente y terminaba en la planicie: presentaba un paisaje sumamente bello.

Al este de la planicie había incontables precipicios; entre los de un lado y los del otro se ubicaba justamente el sendero que corría de norte a sur por el que había bajado. De espaldas al precipicio había un pequeño edificio rodeado de algunas casas de una sola planta. Al ver que todas las puertas y ventanas se encontraban cerradas, dedujo que aquellos eran establecimientos que abrían al mismo tiempo que las flores de ciruela. Frente al edificio había un pastizal y, en medio del mismo, varias piedras blancas se unían formando un círculo, adentro del cual yacía de lado un viejo ciruelo. La orilla al sur de aquel pastizal era justamente el punto donde la planicie se quebraba cuesta abajo, convirtiéndose en pendiente. Ahí se erguía una gran lápida de piedra, que tenía escrita la historia de aquel jardín de ciruelos. Se sentó sobre el pastizal frente a la lápida y comenzó a consumir los bocadillos que había comprado.

Después de terminar de comer, se quedó sentado un rato sobre el pastizal. No había nadie alrededor. A lo lejos se oía el canto de algunas aves que volaban entre los árboles. Levantó la cabeza y miró el cielo azul y límpido. Le pareció que todos los árboles, las casas y los pájaros a su alrededor se nutrían de la Madre Tierra bajo ese Sol brillante y puro. El recuerdo de aquel pecado que había cometido el día anterior fue desapareciendo como la sombra de un barco en el horizonte.

Por ese bosque de ciruelos que se extendía a lo largo de la planicie y bajaba por la pendiente, cruzaban incontables senderos ondulados. Se levantó y anduvo explorando durante un largo rato hasta que descubrió que entre los ciruelos de la pendiente se escondía una pequeña casa. A unos cuantos pasos al este de dicha casa, se hallaba un antiguo pozo cubierto por una pila de hojas de pino. Se acercó e intentó bombear un poco de agua. Se oyeron ruidos al fondo, pero el agua no salió. Pensó: "Parece que en este jardín sólo hay actividad cuando florecen los ciruelos y el resto año no vive nadie aquí."

Pensó en esto y luego comenzó de nuevo a hablar solo:

—Ya que estoy aquí, no pierdo nada con ir a pedirle hospedaje al dueño del jardín.

Se decidió y comenzó a correr cuesta abajo. Planeaba ir in busca del dueño del jardín. Cuando estaba por llegar a la entrada, se tropezó un campesino de unos cincuenta años que venía entrando. En seguida se disculpó y luego le dijo:

—¿De quién es este jardín? ¿Sabe usted?

—Yo estoy a cargo de este jardín.

—¿Y dónde vive?

—Vivo de aquel lado del camino.

Al decir esto, el campesino señaló una casita a un costado del sendero hacia el oeste. Él miró hacia el oeste y se dio cuenta de que, efectivamente, ahí donde terminaban los muros se encontraba una casita. Asintió con la cabeza y luego dijo:

—Esa casa que está en medio del jardín, ¿me la puede rentar?

—Sí que te la puedo rentar, ¿solamente eres tú?

—Sí, sólo yo.

—Entonces sería mejor que no te mudaras para acá.

—¿Y por qué?

—De tu escuela ya han venido varios estudiantes a rentar aquí, pero como está muy solo, no aguantan más de diez días y se mudan de vuelta.

—Pero yo soy muy diferente a los demás. A mí me la puede rentar. A mí no me asusta la soledad.

—Bueno, pues si lo pones así, no veo porque no rentártela. ¿Cuándo te mudas?

—Hoy mismo, por la tarde.

—Está bien, está bien.

—Sólo le pido que la limpie y la prepare para mí, para ahorrarnos tiempo a la hora de la mudanza.

—Está bien, está bien. ¡Hasta luego!

—¡Hasta luego!

6

Después de mudarse al jardín de ciruelos, su depresión comenzó de nuevo a cambiar de forma.

A causa de alguna nimiedad, terminó peleándose con su hermano el mayor. Le escribió una carta sumamente larga en la que rompía cualquier relación con él y se la envió a Pekín. Después de enviar aquella carta, regresó al pastizal frente al edificio y estuvo reflexionando durante un largo tiempo. En su opinión, él era el ser más desdichado sobre la tierra. De hecho esa ruptura con su hermano había empezado por él mismo. Ahora hasta los miembros de una misma familia estaban en guerra y se atacaban entre sí. A partir de ese momento comenzó a odiar a su hermano como si fuera una víbora rastrera o un alacrán ponzoñoso. Cuando era humillado o vejado por alguien más, a menudo los comparaba en su mente con su hermano: "Si mi propio hermano es así conmigo, ¡¿qué puedo esperar de los demás?!"

Cuando se ponía a sacar conclusiones, hacía una lista minuciosa de todos y cada uno de los malos tratos que había recibido por parte de su hermano. Hurgaba hondo en su pasado y terminaba por concluir que su hermano era un hombre malo, y que él mismo era un hombre bueno. Entonces hacía una lista de todas las virtudes y cualidades de su persona y enumeraba, no sin cierta exageración, todas las penas que había sufrido. Cuando confirmaba que era el hombre más miserable del mundo, las lágrimas comenzaban a desbordarse como cascadas por sus mejillas. Así lloraba, desconsolado y solitario, cuando del cielo bajaba una voz dulce y melodiosa que le decía: "¡Ay! ¿Eres tú el que llora? En verdad que han sido muy injustos contigo. Que un hombre noble como tú reciba este tipo de abusos y maltratos, es en verdad una injusticia. Ya, ya, así es la vida, ya no llores, ¡no quiero que lastimes tu cuerpo!

Al escuchar esta voz, su alma se aliviaba. Sentía que en medio del desconsuelo también yacía oculta una infinita dulzura.

Como quería vengarse de su hermano, abandonó el área de medicina en la escuela y se cambió de vuelta a la de humanidades. Lo hizo porque pensó que lo que su hermano quería que estudiara era medicina, así que cambiarse de vuelta a humanidades era como una declaración de guerra. Además, hacer el cambio equivalía a graduarse un año más tarde, y graduarse un año más tarde era como tener un año menos de vida. Si obraba de aquella forma, aquella muerte prematura podía contener también un sentido de enemistad para con su hermano. Como temía que pasaran un par de años y ambos terminaran por reconciliarse, utilizó el cambio de área como un medio para asegurar su eterna enemistad.

El clima iba enfriando cada vez más. Ya había pasado un mes desde que se mudara a la colina. Últimamente el tiempo nunca amanecía despejado; capas de nubes grises desfilaban a diario surcando el cielo. Cuando el aire gélido soplaba entre los árboles, a menudo se llevaba consigo algunas hojas de ciruelo.

Cuando recién se mudó, compró algunos libros viejos y un montón de utensilios de cocina, y cocinó él solo la comida para todo un mes. Pero a medida que iban enfriando los días, comenzó a darle pereza cocinar, así que comenzó a encargarle la comida a la familia Ding, que vivía a los pies del monte. Por eso últimamente se la pasaba como un monje retirado y ocioso; aparte de sentarse a resentir y maldecir a la gente, no le quedaba mucho más que hacer.

Un día por la mañana, se levantó muy temprano. Después de abrir la ventana que daba hacia el este, vio que en el horizonte se dibujaban un par de hileras de nubes rojas que flotaban por el aire. El oriente de los montes reflejaba un halo rojizo con destellos plateados. Como el día anterior había caído una llovizna, la visión de este amanecer lo alegró más que de costumbre. Caminó pendiente abajo y comenzó a sacar agua del pozo. Después de lavarse las manos y la cara, sintió como todo el cuerpo se le llenaba de energía en un instante. Luego echó a correr cuesta arriba de vuelta a casa, tomó una antología de poemas de Huang Zhongze y volvió a salir. Se puso a declamar los poemas mientras corría dando vueltas por los enredados senderos. Al poco rato salió el Sol.

Hacia el sur desde la cima del monte donde vivía se observaba una gran planicie. Los arrozales sobre la planicie aún no habían sido segados. Los dorados granos reflejaban el Sol de la mañana con el purpúreo cielo de fondo; toda la escena era idéntica a un paisaje de Millet.

Se sintió como si se hubiera convertido de pronto en un cristiano milenario. Ante estas señales de la naturaleza, comenzó a reírse de su propia insignificancia sin darse cuenta.

—¡Los perdono! ¡Los perdono! ¡Los perdono a ustedes mortales por todo lo que me han ofendido! ¡Vengan! ¡Vengan todos a hacer las paces conmigo!

Sostenía el libro en una mano, mientras que de sus ojos brotaban lágrimas transparentes. Se quedó pasmado, perdido en los colores otoñales de aquella planicie, pensando en aquellas cosas, cuando de pronto escuchó a dos personas que conversaban en voz queda no muy lejos de donde él estaba:

—¡Hoy en la noche tienes que venir!

La primera fue claramente una voz de hombre.

—En verdad quiero ir, pero me temo que...

La que le siguió fue una dulce y melódica voz de mujer. En cuanto la oyó, fue como si un rayo lo atravesara de extremo a extremo. Sintió la sangre dejar de circular de golpe por cuerpo. A su lado había un alto cúmulo de tallos de junco, él estaba parado a la derecha y aquellas dos personas estaban más o menos a la izquierda, por lo tanto no sabían que al otro lado del cúmulo se encontraba parado alguien más. El hombre volvió a decir:

—¡Eres muy buena! Por favor ven esta noche, hasta el día de hoy nunca hemos dormido bajo las mismas sábanas.

"..."

De pronto escuchó el sonido de aquellas dos bocas tronar como si se chuparan entre sí. Se encorvó sintiéndose como un perro callejero asustado que acababa de robar alimento y siguió escuchando.

"¡Vete a la mierda! ¡Vete a la mierda! ¡¿Cómo es que puedes caer tan bajo?!" Aunque se maldecía en su interior, aquel par de oídos no se resignaban a dejar de escuchar, no estaban dispuestos a perderse ni un sólo sonido. Escuchaban con toda la atención del mundo.

El crujir de las hojas.

El ruido de un cinturón desabrochándose.

El silbido de un par de salivazos.

El sonido de la puntas de las lenguas chupeteando.

Aquella muchacha pronunciaba insegura palabras y sonidos entrecortados:

—¡Tú...! ¡Tú...! Rápido... Rápido... X x... No... No... No dejes... No dejes que nos vean.

Su rostro se mostró lúgubre de un momento a otro. Sus ojos se pusieron rojos como el fuego. Su mandíbula comenzó a temblar. No se podía poner de pie. Quería echarse a correr, pero los pies no le respondían. Se sintió abatido. Una vez que escuchó marcharse a aquella pareja, volvió a su casa como un perro caído al agua[16], se metió bajó las cobijas y se durmió.

7

No se levantó a comer. Se quedó dormido, metido entre las cobijas, y no se levantó hasta que dieron las cuatro en punto. Para entonces, el sol de la tarde se esparcía por todo alrededor. Una niebla azulada y ceniza cubría al bosque al otro lado de la planicie. Bajó el monte tambaleándose, llegó a aquel camino que iba de norte a sur y cruzó la planicie de lleno hacia el sur, aunque sin tener un rumbo específico. Al salir de la planicie vio que ya había llegado a la estación de trolebús que estaba en frente del templo A. En ese momento llegó justamente un trolebús viniendo del sur, lo abordó como inconscientemente. No sabía ni por qué abordaba ni tampoco hacia dónde se dirigía.

16 La expresión "Perro caído al agua" hace referencia a una persona moralmente corrupta que ha perdido poder o ha caído en desgracia.

Después de avanzar por unos quince minutos, el trolebús se paró de pronto y el chofer le dijo que tenía que cambiarse de trolebús. Él lo obedeció sin chistar. Después avanzó durante veinte o treinta minutos hasta que este nuevo trolebús se paró también y le informaron que ahí ya era la terminal. Entonces se bajó. Frente a él, todo eran construcciones portuarias.

De frente había un vasto trozo de océano, que le sonreía a lo lejos mientras se cruzaba con el brillo de la tarde. Más allá del mar se adivinaba una hilera de montañas, las cuales flotaban difusas por el aire transparente. Al oeste había un largo dique que se extendía hasta el centro de la rada. Tras él se erguía un gran faro, imponente como un gigante. Varios barcos vacíos y algunos sampanes[17] flotaban estáticos en el lugar donde estaban atracados. Sobre el mar, en algunos sitios cercanos a la costa, había numerosas bollas que, empapadas del sol del atardecer, flotaban reflejando un brillo rojizo. El viento llegaba soplando de lejos, trayendo consigo algunas frases sordas; era imposible saber qué decían o de dónde venían.

Caminó por la orilla durante un buen rato. De pronto escuchó el lejano sonido de un *bianqing*[18]. Corrió para acercarse a ver y se dio cuenta de que el sonido llamaba al ferri. Se quedó parado observando pequeño barco de vapor que se acercaba desde la otra orilla. Luego, siguiendo a una trabajadora de unos cuarenta o cincuenta años, abordó también aquel pequeño barco.

Después de cruzar a la costa del este, caminó algunos pasos hacia adelante y vio que junto a la costa había una gran finca. La puerta estaba abierta de par en par. Adentro del patio, había un arreglo muy bonito de rocas, plantas y flores. Sin pensarlo demasiado, cruzó la puerta y entró dando pasos aletargados. No había avanzado mucho cuando escuchó delicadas voces femeninas que le decían:

—¡Pasa!

---

17 El sampán es una embarcación de origen chino de fondo plano, provista de una vela y un toldo, que se gobierna con un remo situado en la proa; se emplea para la pesca, la navegación fluvial y, a veces, como vivienda flotante.

18 El bianqing es un antiguo instrumento musical de origen chino, compuesto por piedras planas con forma de L que cuelgan de una estructura de madera.

Sintió un sobresalto, se quedó pasmado por un instante. Pensó: "Esta debe ser una de esas casas donde se sirven comida y licor. Sin embargo he escuchado que en lugares como estos siempre hay prostitutas."

Al pensar esto, su espíritu se alebrestó como si lo hubieran bañado con un bote de agua fría. Su semblante cambió de inmediato. Quería entrar, pero no podía y por otro lado tampoco podía salir aunque quisiera; pobre de él, su carácter de conejo temeroso y su corazón de simio lúbrico lo habían hundido en una difícil situación.

—¡Anda, entra! ¡Entra! —las dulces voces al interior se entremezclaron con risas.

"Maldición, ¿cómo se atreven a tratarme de cobarde?"

Tuvo un acceso de rabia, su rostro puso rojo como carbón encendido. Comenzó a dar cortos y callados pasos hacia el frente, rechinando los dientes y apretando fuerte los nudillos como retando a aquellas doncellas que aguardaban en el interior. Pero le era imposible ocultar ese color entre rojo y azulado de su tez y esos músculos temblorosos de su rostro. Para cuando llegó al frente de aquellas muchachas, parecía que iba a echarse a llorar como un niño pequeño.

— ¡Sube por favor!

— ¡Sube por favor!

Apechugó y subió por la escalera siguiendo a aquella chica que no tendría más de diecisiete o dieciocho años. Entonces su alma comenzó a tranquilizarse. Ya estando arriba, dio un par de pasos y llegó a un estrecho y oscuro pasillo donde un olor a polen un tanto molesto, mezclado con el aroma característico que despide la piel de las mujeres japonesas y el que despiden los aceites que se untan en el pelo, entró de golpe por su nariz. Se sintió mareado y comenzó a ver chispas. Se tambaleó un par de pasos hacia atrás. Miró fijamente hacia el frente, en medio de la oscuridad, un rostro ovalado de mujer le preguntó con una amplia sonrisa:

—¿Qué te parece un cuarto con vista al mar? ¿Cómo ves?

Sintió el aliento de la muchacha llegar hasta su rostro, comenzó a respirarlo todo sin darse cuenta. Cuando se dio cuenta de lo que hacía, se sonrojó de inmediato. No pudo más que contestarle de forma equívoca:

—Vamos al cuarto junto al mar.

Entraron a un pequeño cuarto con vista al mar. Ella le preguntó entonces qué tipo de comida quería, a lo que él contestó:

—Sólo elige algunos platillos al azar.

—¿Quieres licor también?

—Sí.

Al salir la muchacha del cuarto, se puso de pie en seguida y abrió la puerta de papel para dejar entrar un poco de aire, pues la atmósfera dentro del cuarto era irrespirable. Aquel aroma de mujer del pasillo aún permanecía en el ambiente y lo sofocaba a más no poder.

El mar flotaba con suavidad frente a sus ojos. Afuera soplaba una suave brisa. Las delicadas olas se movían como escamas de pez dorado, reflejando los rayos del Sol. Parado tras la ventana, recitó un texto en voz baja:

—El sol de la tarde se posa sobre la casa al lado del mar.

Miró hacia el occidente y vio que el Sol sólo se elevaba alrededor de medio metro sobre el horizonte del suroeste. Se quedó inmerso en sus reflexiones. No podía sacarse de la cabeza a aquella muchacha que lo atendía; aquel aroma que tenía en la boca y en el pelo y en la cara y en el cuerpo, no le daba tregua a su mente y no lo dejaba pensar en otra cosa. Sólo entonces supo que su anhelo de recitar poemas en aquel momento era falso, mientras que su anhelo del cuerpo de una mujer era verdadero.

Pasado un rato, aquella muchacha regresó trayendo la comida y el licor, se arrodilló ante él y comenzó a servirle. Él deseaba con ansia observarla con detenimiento, hablar con ella y contarle todas sus penas, pero sus ojos no se atrevían a verla de frente. Su lengua no se movía por más que lo intentaba. Sólo se quedó ahí, pasmado como un mudo, mirando de reojo aquellas blancas y delicadas manos, y aquel tramo de tela rosa que asomaba entre las aberturas de sus ropas.

Las mujeres japonesas no usan pantalones. Pegado al cuerpo sólo llevan un fondo corto y ceñido. Encima se ponen una bata de manga larga sin botones, que se ajusta por medio de un grueso listón que anudan detrás de la espalda. Cuando caminan por la calle, sus ropas se abren dejando ver segmentos de sus piernas y de su fondo. Esta es una cualidad particularmente bella de las japonesas. Cada que se encontraba a alguna muchacha en la calle, siempre ponía especial atención sobre este punto. Luego se ponía a reprocharse y maldecirse apretando los dientes: "¡Cerdo! ¡Mugriento perro! ¡Cobarde!".

En cuanto vio el fondo de la chica, su corazón comenzó a palpitar más fuerte. Entre más deseaba hablarle menos le salían las palabras. Aquella muchacha empezó a impacientarse y le preguntó:

—¿De dónde eres?

Al escuchar esto, su pálido rostro volvió a sonrojarse; respondió con un sonido ahogado y confuso, comenzó a intentar balbucear algunas frases sin conseguir que de sus labios salieran palabras claras. El pobre había llegado a la guillotina.

Los japoneses desprecian a los chinos del mismo modo que nosotros despreciamos a los cerdos y a los perros. Los japoneses les llaman a los chinos *zhina ren*[19]. Estas tres sílabas en Japón suenan mucho peor que si uno utilizara la palabra "bastardo" para insultar a alguien. Ahora que estaba de frente ante esta muchacha bella como una flor, no le quedó más que decir:

—*Zhina ren*, soy un *zhina ren*.

—¡Ah! ¡Chino! ¡Eres Chino! ¡¿Por qué no lo dices con orgullo?!

Todo su cuerpo comenzó a temblar, las lágrimas ya venían. Aquella muchacha, al verlo templar de forma tan intempestiva, quiso darle un momento a solas para que bebiera su licor y se calmara. Le dijo:

—Ya casi no hay licor, voy a traerte otra botella.

Pasado un rato, escuchó las pisadas de la muchacha subiendo de nuevo por la escalera. Creyó que venía de vuelta con él, así que se acomodó la ropa y enderezó su postura, pero fue engañado. Ella había subido con otros dos o tres clientes y los llevaba directo al cuarto de a lado. Aquellos clientes se reían y le hacían bromas. Ella les contestaba con su dulce voz:

19 El gentilicio de China en mandarín es zhongguo ren. Zhina ren es una forma en desuso que se utilizaba antes en Japón.

—Compórtense, en el cuarto de a lado hay otro cliente.

Oír esto lo llenó de ira, comenzó a maldecirlos en su interior: "¡Perros! ¡Malditas lacras! ¿Se están burlando de mí? ¡Venganza! ¡Venganza! ¡Me voy a vengar de ustedes! ¿Dónde en el mundo quedan aún mujeres puras y nobles? Esa muchacha malagradecida, ¿se ha atrevido a dejarme aquí abandonado? No importa, no importa, ya no volveré a amar a las mujeres, ya no volveré a amar a ninguna mujer. Ahora sólo amaré a mi patria, mi patria será mi amante."

Sintió ganas de salir corriendo a poner en marcha su nueva resolución. No obstante, en su interior también envidiaba mucho a esas lacras del cuarto contiguo. Además su corazón aún albergaba la esperanza de que aquella muchacha regresara.

Contuvo su enojo, se bebió en silencio algunos vasitos de licor, sintió como el cuerpo se le calentaba. Abrió la ventana y vio que el Sol ya estaba próximo a ocultarse tras la montaña. Bebió un poco más, sintió que el paisaje frente a sus ojos comenzaba a oscurecerse. Al oeste, la sombra de aquel faro detrás del dique había crecido enormemente. Una delgada capa de niebla se mezclaba con el mar. En medio de esta niebla como telaraña, el Sol del poniente estaba renuente a terminar de ocultarse, como si le causara pesar el despedirse. Lo miró durante un rato, luego comenzó a reír sin saber por qué. Después de varias risas, se llevó las manos a sus mejillas calientes y dijo, hablando solo:

—¡Estás borracho! ¡Estás borracho!

Aquella muchacha volvió por fin. Al verlo parado tras la ventana, riéndose como idiota con el rostro enrojecido, le preguntó:

—¿No te da frío con la ventana abierta?

—No, no me da frío. Un atardecer como este, ¿quién se lo va a perder?

—¡Eres todo un poeta! Mira, te traje más licor.

—¡Poeta! Pues en verdad que soy un poeta. Tráeme papel y pluma y te escribiré un poema.

En cuanto aquella muchacha volvió a salir, se extrañó él mismo de lo que acababa de ocurrir. Pensó: "¿Cómo es que de pronto he tenido tanto valor?

Después de beber con desparpajo varios vasitos del licor que le acababan de traer, se fue sintiendo cada vez más alegre. No pudo evitar comenzar de nuevo a reír. Escuchó que las lacras del cuarto contiguo empezaron a cantar a todo pulmón una canción japonesa. Abrió la garganta y comenzó él también a cantar:

Golpeteo borracho el barandal en medio del frío,
El mundo está desolado en medio del invierno.
Pobre perico de la corte de Zhongzhou,
Que no logró volverse funcionario de Changsha.

Una comida vale lo que mil monedas de oro,
Para compensar por las penurias de Wuyi.
Tras el humo y las montañas vuelvo la vista atrás,
Y derramó mis lágrimas por el Sagrado Continente[20].

Siguió cantando con fuerza durante un rato. Luego se quedó dormido borracho sobre el tapete.

8

Cuando despertó, vio que estaba acostado sobre una colcha de seda roja, la cual desprendía un extraño aroma. El cuarto en el que se encontraba no era muy grande, tampoco era el cuarto en él que se había quedado dormido. Del techo colgaba una de lámpara de una luz tenue, junto a la almohada había una tetera y dos tazas. Se bebió un par de tazas de té y salió tambaleándose del cuarto.

Abrió la puerta y vio a la muchacha que lo atendía: venía corriendo hacia él y le dijo:

—¡Hey! ¿Ya te despertaste?

Él asintió con la cabeza y le dijo con una ligera sonrisa:

—Sí, ya me desperté. ¿En dónde está el baño?

20 Esta canción, repleta de referencias históricas y literarias, hace alusión a la decadencia del imperio chino.

—Deja que te muestre.

Se fue tras de ella. Cuando salieron al pasillo, sintió que la luz de las lámparas lo segaba. Ruidos de canciones, *shamisenes*[21] y risas llegaban volando de todos lados hasta sus oídos. Comenzó a pensar en los eventos de aquel día. Al recordar cómo se había emborrachado y las cosas que le dijo a aquella muchacha, sintió que se le encendía el rostro.

Al regresar del baño, le preguntó a la muchacha:

—¿Esta colcha es tuya?

Ella respondió riendo:

—Sí

—¿Qué hora es?

—Se ve como que son cuarto para las nueve.

—Tráeme la cuenta.

—Sí.

Después de pagar, le extendió un billete a aquella muchacha que lo había atendido. Su mano temblaba involuntariamente. Aquella muchacha respondió:

—No lo quiero.

Él sabía que ella desconfiaba de que fuera poco. Se sonrojó y se hurgó en los bolsillos. Sólo le quedaba un billete más. Lo sacó y se lo ofreció también diciendo:

—No pienses que es poco, por favor acéptalo.

Su mano comenzó a temblar más fuerte, también su voz. La muchacha lo miro y le dijo en voz baja:

—¡Gracias!

Bajó corriendo la escalera, se puso los zapatos y salió de aquel lugar.

Afuera hacía mucho frío. Al parecer, aquel día era el octavo o noveno del mes, de acuerdo al calendario lunar. Una media luna brillante y fría colgaba del lado izquierdo del cielo. Alrededor también brillaban distantes algunas estrellas dispersas.

21 El shamisen es un instrumento musical japonés.

Caminó un rato por la costa, viendo las luces de los barcos pescadores, que titilaban a lo lejos como espíritus de fuego. Las finas olas reflejaban el plateado brillo lunar como si fueran ojos de fantasmas que se abrían y cerraban continuamente. Sin saber por qué, de pronto le dieron ganas de adentrarse y morir en el mar.

Se buscó entre la ropa, comprobó que ya no tenía dinero para el trolebús de regreso. Pensó de nuevo en los sucesos del día y comenzó a recriminarse: "¿Cómo he podido caer tan bajo? Ya me he convertido en el ser más bajo que puede existir. Ya es muy tarde para arrepentirme, muy tarde. Será mejor que muera aquí. El amor que pedí no lo obtendré. Una vida sin amor, ¿acaso no es igual que un montón de cenizas? Ay, esta árida vida, esta árida vida. La demás gente del mundo me mira toda con recelo, me ataca y me veja, incluso mi propio hermano, sangre de mi sangre. Todos ellos me apartan, me empujan fuera de este mundo. ¿Para qué quiero seguir viviendo? ¿¡Para qué seguir en este mundo lleno de sufrimiento!?"

Llegado este punto, las lágrimas comenzaron a rodar una tras otra por sus mejillas. Aquel pálido semblante parecía igual que el de un muerto. Tampoco se limpió las lágrimas con las manos. El brillo de la luna se proyectaba sobre su cara y aquellas lágrimas lo reflejaban como gotas de rocío colgando de las hojas de un árbol. Volvió la vista, observo su propia sombra larga y delgada y el corazón se le apretujó.

"Pobre sombra mía, que me has seguido durante veintiún años. Hoy este mar es tu lugar de entierro. Cuerpo mío, aunque otros me molestaran, nunca debí dejar que cayeras en este deplorable estado de debilidad. Sombra, sombra, ¡perdóname!"

Dirigió su mirada hacia el oeste, la luz de aquel faro cambiaba del color rojo al verde a cada instante, cumpliendo con su deber. Aquella luz verde se proyectaba como un largo y pálido camino sobre el mar. Al mirar más lejos hacia el oeste, entre la noche plomiza sólo se veía una brillante estrella que oscilaba solitaria.

"Justo bajo aquella estrella oscilante está mi patria, mi tierra natal. También bajo esa estrella pasé dieciocho otoños y dieciocho inviernos de mi vida. Tierra mía, después de hoy ya no nos volveremos a ver."

Mientras caminaba, pensaba con desconsuelo en estas

desventuras. Recorrido un tramo, volvió a mirar aquella estrella al occidente. Sus lágrimas brotaron como lluvia. Sintió que todo a su alrededor se hacía borroso. Se limpió las lágrimas. Se paró firme. Soltó un largo suspiro. Luego dijo con frases entrecortadas:

—¡Patria, patria! ¡Tú eres la causante de mi muerte! ¡Levántate de nuevo! ¡Vuelve a ser fuerte! ¡Apresúrate! ¡Allá siguen sufriendo todavía muchos de tus hijos!

9 de mayo de 1921

Noches de embriaguez primaveral

I

Pasé una temporada de seis meses en Shanghai. Debido a que estaba desempleado tuve que mudarme un par de veces; viví en tres residencias distintas. Al principio viví en una especie de jaula libre como una pajarera en donde nunca entraba el sol, que estaba al sur de la calle Jing An Si. Los habitantes de esta jaula libre, a excepción de algunos despiadados sastres que eran iguales que malandrines o ladronzuelos, eran todos pobres intelectuales sin nombre. Por eso en aquella época me dio por apodar aquel lugar la *Yellow Grub Street*[1]. Viví en la *Grub Steet* durante un mes, pero en cuanto incrementaron un poco la renta, no tuve más opción que empacar algunos viejos y desbaratados libros y mudarme a una posada en los alrededores del hipódromo en la cual tenía algunos conocidos. Después en dicha posada también sufrí todo tipo de vejaciones y maltratos, no me quedó más que volverme a mudar, encontré un cuartito dentro de una pocilga frente al callejón Rixin Li, justo en medio de la calle Dengtuo, al extremo norte del puente Wai Baidu, y me trasladé ahí.

Las casas de la calle Dengtuo medían poco más de cuatro metros del piso al techo. El cuarto en el que vivía yo estaba en la planta superior y era pequeño a más no poder. Si uno se paraba en el piso a estirarse, ambas manos chocaban contra el hollinado techo. Al entrar a la casa por la puerta que daba al callejón de enfrente, se encontraba el cuarto del casero. Al dar un par de pasos inclinándose hacia delante,

1 Hasta principios del s. XIX, Grub Street fue el nombre de una calle en Londres en la que vivían numerosos escritores, editores y poetas en condiciones de pobreza. Yu Da Fu describe la calle en Shanghai como Yellow Grub Street, haciendo referencia al color "amarillo" asociado con la raza asiática.

abriéndose paso entre pilas de trapos viejos, latas, botellas de vidrio y utensilios de cocina, había recargada en la pared una escalera con varios travesaños caídos. Al usar la escalera para ascender por un oscuro agujero que había en el techo y que no medía más de medio metro, podía llegarse al piso superior. Aquella lóbrega planta alta era de por sí tan pequeña como la frente de un gato y, de todas formas, el casero la separó en dos cuartos distintos: en el de afuera vivía una trabajadora de cierta compañía tabacalera y yo alquilaba el que daba al agujero con la escalera. . Como la inquilina del cuarto de afuera tenía que pasar por mi cuarto cada vez que entraba o salía de la casa, mi renta mensual era algunos centavos más barata que la de aquel cuarto.

Mi casero era un viejo encorvado de alrededor de cincuenta años. Su demacrado semblante emanaba un aceitoso y oscuro brillo. Tenía un ojo grande y el otro pequeño, pómulos pronunciados y arrugas en la frente y en las mejillas entre las que se acumulaba polvo de carbón, como si cada mañana intentara lavárselo sin conseguirlo. Se levantaba todos los días entre las ocho y las nueve, tosía y salía con un par de canastas de bambú al hombro; al dar las tres o cuatro de la tarde volvía siempre con las canastas vacías. Algunas veces, cuando volvía con las canastas llenas, traía en su interior aquellos trapos, latas y botellas que inundaban su cuarto. En una noche como esa, era su costumbre ir a comprar un poco de alcohol para beber, luego se sentaba en la orilla de la cama a soltar maldiciones y blasfemias indescriptibles.

Mi primer encuentro con la vecina de a lado, ocurrió la tarde en que me mudé. Alrededor de las cinco, cuando el impetuoso sol de primavera comenzaba a extinguirse, prendí una vela y acomodé algunos de los desbaratados libros que había traído conmigo de la posada. Primero los coloqué en dos montones, uno grande y otro pequeño, después puse sobre el montón grande dos cuadros decorativos de poco más de medio metro cada uno. Como había vendido todos mis muebles, este par de cuadros sobre la pila de libros podían hacer las veces de escritorio durante el día, y de cama durante la noche. Después de haberlos acomodado, me senté sobre la pila pequeña a fumar de frente a este escritorio improvisado, de espalda al agujero con la escalera. Fumaba y al mismo tiempo observaba perplejo la flama de la vela sobre el escritorio. De pronto escuché un ruido que venía de la escalera, volví la mirada pero sólo pude ver mi propia sombra agigantada; además de esto, no se distinguía nada más. Sin embargo, mi oído me dijo claramente: "Alguien subió". Me quedé mirando fijamente a la oscuridad durante varios segundos y aparecieron frente a mis ojos un rostro cenizo y redondo a la par de la media silueta de una mujer delgada. En cuanto vi su cara supe que se trataba de mi vecina de a lado, porque cuando vine a preguntar por el cuarto el casero me dijo que aparte de él, en la casa sólo vivía una trabajadora que dormía en la planta de arriba. En primer lugar me atraía lo barato de la renta, en segundo lugar me alegró el hecho de aquí ahí no vivieran más mujeres ni niños, así que accedí a rentar el cuarto de inmediato. Cuando terminó de subir por la escalera, me levanté y le dije saludándola con la cabeza:

—Disculpa, me acabo de mudar esta mañana, espero que en adelante pueda contar con tu ayuda.

Al oírme decir esto, no dijo palabra alguna. Me dirigió una larga e intensa mirada con sus grandes ojos negros, luego camino hasta la puerta de su cuarto, abrió la puerta y entró. Después de este breve contacto entre los dos, no sé por qué razón, pero me dio la impresión de que era una mujer desamparada. Su alargada nariz, su ovalado rostro, su cuerpo delgado y bajo, parecían todas señales de su desamparo, pero yo, que en aquel momento me debatía por subsistir, no tenía tiempo de compadecerme de aquella mujer la cual aún conservaba su trabajo. Pasados algunos minutos, me encontraba de nuevo inmóvil, sentado sobre la pila de libros, observando la llama de la vela.

Transcurrió una semana dentro de la pocilga. Ella se iba cada mañana a las siete a trabajar y regresaba pasadas las seis. Me encontraba siempre sentado sobre la pila de libros, mirando perplejo la luz de la vela o de la lámpara. Seguramente aquella actitud medio idiota terminó por despertar su curiosidad. Un día que subía por la escalera después de regresar del trabajo, me levanté al igual que el primer día para dejarla pasar. Al pasar junto a mí se detuvo de pronto y me miró, luego me preguntó balbuceando como si temiera algo:

—¿Qué es eso que lees sentado aquí todos los días?

(Su voz sonaba en un suave y delicado acento de Suzhou. Es imposible transmitir las emociones que evocó en mí aquella voz; por eso sólo me limitaré a traducir sus palabras a lengua vernácula).

Yo en cambio, al escuchar sus palabras me sonrojé de inmediato, pues aunque me pasaba día tras día sentado ahí como imbécil y aunque sobre el escritorio yacían abiertos varios libros provenientes del extranjero, la verdad es que mi mente se encontraba en un estado de caos absoluto, y cuando intentaba leer no me entraba ni una oración ni una palabra. A veces simplemente usaba la imaginación para rellenar los renglones, colmándolos de fabulosas e inverosímiles figuraciones. A veces sólo hojeaba los libros mirando las ilustraciones e infería de ellas todo tipo de fantasías irracionales. Mi salud en aquella época en verdad se encontraba ya en un estado de enfermedad, resultado del insomnio y la malnutrición. Además, debido que mi abrigo largo de algodón, el cual era mi única pertenencia, estaba ya roto hasta el extremo, no podía yo salir a caminar durante el día y al interior del cuarto no llegaba ni un poquito de sol: siempre había que tener encendida una vela o una lámpara sin importar que fuera de día o de noche. Por lo anterior, no sólo se encontraba mi salud muy por debajo del promedio, sino que mis piernas y mis ojos estaban también terriblemente atrofiados. Encontrándome en tan deplorable estado, al escucharla hablar así, ¿cómo no iba a sonrojarme? Entonces le respondí de forma vaga:

—No estoy leyendo, pero si sólo me sentará aquí sin hacer nada en medio de mi aturdimiento, eso definitivamente no se vería bien, por eso es que pongo estos cuantos libros en frente de mí.

Al escuchar esto, se me quedó mirando de nuevo con detenimiento, hizo una mueca de no haber comprendido y luego se metió a su cuarto como de costumbre.

Si dijera que en aquellos días no busqué ni hice absolutamente nada, estaría mintiendo. De vez en cuando mi mente se aclaraba un poco, entonces traduje algunos poemas cortos del inglés y del francés, y algunos cuentos del alemán que no llegaban a los cuatro mil caracteres. Por la noche, cuando todos los demás dormían, salía sigilosamente a mandarlos por correo a todas las editoriales de reciente apertura.

Como para ese momento, mis esperanzas de conseguir trabajo en todos los campos laborales ya se habían desvanecido, sólo restaba un ámbito; aún podía apoyarme en mi árido intelecto para probar suerte. Todavía pudiera ser que captara la atención de alguno de los editores y decidiera publicar mis traducciones, obteniendo yo así algunos *kuai*[2] como pago. Entonces, entre que me mudé a la calle Dengtuo y la primera vez que mi vecina me habló, ya había mandado borradores como esos unas tres o cuatro veces.

2

Viviendo en el confuso y ajetreado Shanghai, distinguir el paso de los días y de las estaciones no es cosa fácil. Después de mudarme a la pocilga de la calle Dengtuo, comencé a sentir que mi abrigo se me hacía cada vez más pesado, que cada vez me daba más y más calor, así que pensé: "¡Debe ser que el sol de primavera hace mucho que se ha instalado por completo!"

Pero yo, que me sentía cohibido y avergonzado, no podía salir a ningún lugar a pasear. Me pasaba el día y la noche dentro del oscuro cuarto, sentado bajo la luz de la lámpara, inmerso en mi aturdimiento. Un día, alrededor de la tarde, me encontraba sentado como siempre y mi vecina llegó de pronto trayendo en las manos dos bolsas de cosas envueltas en papel. Cuando me paré para dejarla pasar, puso una de las bolsas de papel sobre mi escritorio y me dijo:

—En esta bolsa hay pan con mermelada de uva. Guárdalo por favor y hasta mañana te lo comes. Además también traigo aquí una bolsa de plátanos que compré, ¡ven a mi cuarto para que los comamos juntos!

Mientras yo sostenía la bolsa, abrió la puerta y entró a su cuarto. Habíamos vivido juntos poco más de diez días y parecía que ella ya contaba con que yo era una persona de fiar. Esa expresión de

2 El yuan (RMB), la moneda oficial china, también se conoce en lengua vernácula como kuai.

desconfianza que se había dibujado en su rostro la primera vez que nos vimos, ya había desaparecido por completo. No fue hasta que entré a su cuarto que me di cuenta de que todavía no había anochecido, ya que al interior de su cuarto había una ventana que daba hacia el sur y los rayos del Sol entraban por ahí iluminando el interior del cuartito: una cama compuesta de un par de tablas, una mesita de color negro, una caja y un banco de madera. Pese a que la cama no tenía cortina, yacían dobladas a un lado dos sábanas delgadas y limpias. Sobre la masita había una cajita de metal repleta de manchas de aceite y grasa, la cual seguramente contenía sus cepillos y peines. Me invitó a sentarme mientras retiraba de aquel banco un montón de ropa y lo ponía en la cama. Al ver que me trataba de forma tan atenta, me sentí ligeramente apenado. Le dije:

—Los dos vivimos en una misma casa, no es necesario ser tan cortés.

—No es que sea cortés, pero todos los días cuando regreso de trabajar, siempre te pones de pie para cederme el paso, así que me siento en deuda contigo.

Dijo esto y abrió la bolsa de los plátanos, invitándome a que tomara uno. Ella también agarró uno y se sentó en la cama a comerlo mientras me preguntaba:

—¿Por qué te quedas en casa todo el día y no sales a buscar algo que hacer?

—Yo también lo he pensado, pero cuando busco de aquí para allá, nunca encuentro nada.

—¿Tienes amigos?

—De tener, sí tengo, pero llegado este punto ya no están en contacto conmigo.

—¿Has ido a la escuela?

—Estudié algunos años en el extranjero.

—¿Y tu familia en donde vive? ¿Por qué no regresas con ellos?

Al hacer ella estas preguntas, de pronto me hice consciente de mi propia situación. Desde el año pasado me había pasado día tras día en un estado de abatimiento, más o menos me había olvidado ya de preguntas tales como "¿Quién soy yo?", "¿En qué punto de mi vida me encuentro?", "¿Soy feliz o miserable en mi interior?". A medida que ella me cuestionaba, comencé a recordar uno por uno todos los infortunios que me habían perseguido durante el último medio año. Por lo tanto, después de escuchar sus preguntas, me quede pasmado durante un buen rato, mirándola de frente sin decir palabra alguna. Al ver mi reacción, creyó que yo era también un individuo desamparado sin familia a la cual regresar. Su semblante se llenó de una expresión de soledad y me dijo, soltando un leve suspiro:

—¡Ay! ¿Tú eres igual que yo?

Suspiró de nuevo y luego ya no dijo nada. Vi que sus ojos se habían enrojecido ligeramente, así que pensé en una pregunta que hacerle:

—¿Qué es lo que haces en la fábrica donde trabajas?

—Empaco cigarros.

—¿Cuántas horas trabajas al día?

—Empiezo a las siete de la mañana y termino a las seis de la tarde. En medio tengo una hora de descanso. Debo trabajar diez horas cada día. Si trabajo un minuto menos, me lo descuentan de mi pago.

—¿Cuánto te descuentan?

—Me pagan nueve *kuai* al mes, de modo que son tres *kuai* cada diez días, tres centavos cada hora.

—¿Y cuánto te cobran de comida?

—Cuatro *kuai* al mes.

—Haciendo así las cuentas, si trabajas todo el mes sin descansar ni una hora y descontando el dinero de la comida, te quedan más o menos cinco *kuai*. ¿Te alcanza para pagar la renta y comprar ropa?

—¡Hasta crees que me va alcanzar! Además el gerente... ¡Ay! ¡Ay! Yo... Yo por eso odio la fábrica. ¿Tú fumas?

—Sí.

—Te recomiendo que mejor no fumes y si fumas, que no fumes los cigarros de nuestra fábrica. Yo en verdad odio esa fábrica.

Vi como rechinaba los dientes de la ira; después, ya no quiso seguir hablando. Le di unos cuantos mordiscos al plátano que tenía en la mano y, al mirar a mi alrededor, me di cuenta de que su cuarto estaba algo empolvado. Me levanté y di las gracias, luego volví a mi cuarto. Ella, seguramente a causa del cansancio que le provocaba su jornada, a menudo se dormía casi enseguida de haber vuelto del trabajo. Aquella noche, por única vez, dieron las doce y parecía seguir despierta. A partir de esa vez, cada que volvía del trabajo, intercambiaba conmigo algunas oraciones. De su propia boca me enteré de que se apellidaba Chen, se llamaba Ermei y era originaria de Suzhou, pero había vivido desde pequeña en Shanghai. Su padre también era obrero en la fábrica de cigarros, pero había muerto el otoño anterior. En un inicio vivía con él en aquel cuarto y todos los días se iban juntos a trabajar, pero ahora sólo quedaba ella. Durante el mes que siguió a la muerte de su padre, se iba todo el camino de ida llorando por la mañana y todo el camino de regreso llorando por la noche. Ese año cumplía diecisiete años, no tenía hermanos ni hermanas, ni tampoco algún pariente cercano. El entierro y demás asuntos fúnebres de su padre fueron cubiertos con los quince *kuai* que él mismo le había confiado al viejo casero antes de morir para que se hiciera cargo. Ella dijo:

—El casero es en verdad una buena persona. Nunca se me ha insinuado, entonces yo debo seguir yendo a trabajar como cuando mi padre aún vivía; pero en la fábrica hay un gerente de apellido Li que es muy malo. Desde que supo que mi padre murió, se pasa todo el día acosándome.

Ahora yo conocía su historia y la de su padre. Acerca de qué tipo de persona era su madre, sobre si vivía aún o había muerto ya y si aún vivía, en dónde vivía, todas estas cuestiones ella nunca las mencionó.

3

El clima parecía cambiar. Hacía algunos días que en ese mundo exclusivo de mi persona, ese cuarto oscuro y pequeño, la atmósfera que se respiraba, tan turbia y densa como el vapor de una vaporera de bambú, hacía que cualquiera se mareara hasta el extremo de casi desmayarse. La neurastenia que me llegaba cada año con la transición entre la primavera y el verano, al juntarse con un clima como ese me convertía en una especie de demente. Por lo tanto, al caer la noche, una vez que el ruido de la gente se desvanecía y la calle entraba en silencio, a menudo salía de mi cuarto a pasear. Andar solo por entre las calles, observando las estrellas en el angosto cielo azul marino, entregándome a inagotables fantasías mientras caminaba lentamente hacia delante, me hacía mucho bien. Cuando me hacía preso ese sentimiento de indefensión, en medio de aquellas noches de embriaguez primaveral, entonces tenía que deambular por todos lados, andar errante y no volver a casa hasta que comenzaba a clarear. Al llegar a casa, cansado de andar caminando, me quedaba dormido y con frecuencia despertaba hasta el mediodía del día siguiente; había ocasiones en que incluso me quedaba dormido hasta la hora en la que Ermei regresaba de trabajar. A partir de que comencé a dormir más, mi salud poco a poco se fue recuperando. Mi estómago, que por lo general no podía digerir más que media libra de pan, mejoró desde que empecé con mis caminatas nocturnas, hasta el grado de casi poder procesar una libra completa. Esto, aunque significó un fuerte golpe a mi economía, nutrió mi mente y me permitió concentrarme mejor. Después de que regresaba de mis caminatas y antes de irme a dormir, escribía algunos cuentos al estilo de Allan Poe, que a mi parecer no estaban tan mal. Los modificaba varias veces y los copiaba varias veces y, aunque después de mandarlos por correo aparecía en mi interior un rayo de esperanza, me ponía a pensar en aquellas traducciones de las cuales no había tenido respuesta alguna. Pasados algunos días ya me había olvidado de todo el asunto.

Desde hacía varios días, siempre que mi vecina Ermei salía a trabajar me encontraba durmiendo profundamente. Sólo por las tardes, cuando volvía a casa, teníamos a veces oportunidad de encontrarnos. Pero, no sabía el porqué, su actitud respecto a mí parecía haber regresado a esa desconfianza inicial. Algunas veces, cuando se me quedaba mirando, parecía como si sus ojos negros cristalinos me acusaran o me reprendieran por algo.

Tenía poco más de veinte días de haberme mudado a aquella pocilga. Un día acababa de prender una vela y estaba leyendo una novela que había comprado en una librería de viejo, cuando Ermei subió apurada por la escalera y me dijo:

—Abajo hay un hombre que te trae una carta. Quiere que bajes con tu sello a recibirla.

Cuando me dijo esto, su actitud de desconfianza se hizo más evidente. Parecía como si dijera: "¡Ajá! ¡Te he descubierto!". Esa actitud de ella para conmigo me llenaba de pesar, así que me quede sin aliento por un instante. Luego le respondí:

—¿Qué carta? ¡No es para mí!

En cuanto escuchó mi respuesta indignada, se mostró como si hubiera obtenido una victoria aún más grande y de los labios le brotó una fría sonrisa. Me dijo:

—¡Ve a ver por ti mismo! Eso es asunto tuyo, ¡sólo tú sabrás!

Al mismo tiempo escuché que en la puerta de abajo efectivamente había un hombre con pinta de cartero que me apuraba gritando:

—¡Carta para usted!

Recogí la carta y le eché un vistazo, con el corazón latiéndome agitadamente. Resultó que una de las traducciones del alemán que había enviado con anterioridad ya se había publicado en cierta revista; junto con la carta venía un cheque por cinco *yuan*. Justo cuando mis bolsillos estaban a punto de vaciarse, habiendo obtenido estos cinco *yuan*, no sólo no tenía que preocuparme por el cobro de la renta del mes siguiente (que ya estaba cerca), sino que después de pagar la renta aún me quedaría lo suficiente para comprar comida para algunos días. No existe nadie que pueda imaginarse la gigantesca ayuda que significaron esos cinco *yuan* para mí en aquel momento.

Al día siguiente por la tarde fui a la oficina postal a cobrar mi cheque. Después de andar un rato por la avenida bajo un sol abrasador, sentí de pronto que todo mi cuerpo estaba empapado en sudor. Miré a la gente a mi alrededor y luego volví la mirada hacia mí mismo, bajando la cabeza sin darme cuenta. Las perlas de sudor sobre mi cuello brotaban como lluvia. Como cuando salía a dar mis caminatas nocturnas no había sol y el fresco viento primaveral siempre perdura en la blanca noche de los callados callejones del este, siempre sentí que mi viejo destartalado abrigo no iba del todo en contra de la temporada.

Ahora que me encontraba en medio de un cálido día de primavera, vestido con aquel atuendo viejo y roto, usado exclusivamente para mis caminatas nocturnas, al caminar a lado de aquellos que andaban vestidos tan de acuerdo a la temporada, ¿cómo iba yo a no sentirme extremadamente avergonzado? Por un momento me olvidé de aquella renta que tendría que pagar en tan sólo algunos días, me olvidé de que mis bolsillos estaban a punto de vaciarse y caminé con desenfado hacia la tienda de segunda mano de la calle Zha. Yo que tenía tanto tiempo que no caminaba bajo el sol, al ver los automóviles y los jalacoches que iban y venían por las calles trayendo a bordo hombres y mujeres jóvenes y bellos, y los abundantes y adornados mostradores de las tiendas de seda y telas finas y las joyerías, al escuchar el sonido de las voces, las pisadas y los coches que resonaban en el aire como el zumbido de múltiples abejas, por un momento sentí como si hubiera llegado al paraíso. Me olvidé de mi propia existencia; quería también bailar y cantar alegremente con mis paisanos. Sin darme cuenta, mi boca comenzó a cantar algunas canciones pekinesas tradicionales que hacía mucho había que había olvidado. Esta fantasía nirvanezca fue interrumpida por un ruido de cascabeles justo cuando me disponía a cruzar la calle para llegar a la calle Zha. Levanté la mirada y vi que hacía mí venía a toda marcha un trolebús. El gordo chofer que lo conducía asomó medio cuerpo y me grito enojado en dialecto shanghainés:

—¡Cabeza de puerco! ¿¡Qué tus ojos no ven!? ¡Un día de estos te vas a matar, perro amarillo!

Me quedé pasmado, seguí con la mirada al trolebús que se alejó con dirección hacia el norte, levantando tras de sí una oleada de polvo. No sé de dónde me vino la emoción, pero de pronto no pude contener la risa y comencé a carcajearme. Sólo cuando la gente a mi alrededor comenzó a observarme extrañada fue que me sonrojé y continué lentamente con mi camino rumbo a la calle Zha.

Pregunté el precio de algunas chamarras en varias tiendas de segunda mano y les ofrecí una cantidad que estaba dentro de mis posibilidades, varios de los empleados de dichas tiendas, cual si fueran maestros impartiendo una lección, me miraron con desdén y se mofaron de mí:

—¿Qué tipo de broma es esta? Si vas a comprar, compra. ¡Aquí no vengas a regatear!

Anduve preguntando hasta llegar a una pequeña tienda en la calle Wuma, después de darme cuenta de que no me alcanzaría para ninguna de las chamarras, me compré una camisa de algodón ligero y me cambié de inmediato. Llevando en la mano una bolsa con mi viejo abrigo, me dirigí en silencio de vuelta a casa. En el camino iba pensando aún: "Si de por sí no me va a durar, pues al menos disfrutaré el ponérmela". Al mismo tiempo pensé también en el pan y los plátanos que me había regalado Ermei. No lo pensé dos veces y busqué una tienda de dulces y panecillos. Entré y compré un *yuan* de chocolates, plátanos, tartas de huevo y otros bocadillos. Cuando estaba parado dentro de la tienda esperando a que el empleado empaquetara lo que había comprado, de pronto recordé que tenía más de un mes que no me bañaba. Hoy no estaba de más ir de paso a tomar un baño.

Después de bañarme, cuando volvía a la calle Dengtuo trayendo en las manos la bolsa con mi abrigo y la bolsa de bocadillos, las tiendas en ambas aceras de la calle ya habían encendido sus lámparas. Quedaban en la calle muy pocos peatones. Un frío viento crepuscular proveniente del río Huangpu, sopló tan fuerte que me dieron escalofríos. Regresé a mi cuarto, prendí una vela y la dirigí hacia el cuarto de Ermei. Me di cuenta de que aún no había regresado. Aunque tenía el estómago hambriento, había decidido no abrir aquella bolsa de bocadillos, pues quería esperar a que Ermei regresara para comerlos junto con ella. Tomé un libro y comencé a leer mientras seguía tragando saliva. Esperé durante un largo rato. Al final, Ermei no llegó. Desconozco a qué hora me venció el cansancio y me quedé dormido sobre la pila de libros.

4

Me despertó el ruido de Ermei a su regreso. Vi que la vela frente a mí ya se había consumido más o menos seis centímetros. Le pregunté qué hora era, me dijo:

—Acaba de sonar el silbato de las diez.

—¿Por qué has regresado tan tarde el día de hoy?

—Como subieron las ventas en la fábrica, ahora me toca también el turno de la noche. Me pagan las horas extra pero termino demasiado cansada.

—Entonces puedes decir que no.

—Pero no hay suficientes trabajadores, me es imposible negarme.

Al decir esto rodaron por sus mejillas un par de lágrimas, yo creí que era a causa del cansancio. Por un lado, la compadecí, pero por el otro, al observar esta actitud un tanto como de niña pequeña, sentí un poco de alegría. Abrí la bolsa de los dulces y bocadillos y después de convidarle algunos le aconsejé:

—Es la primera vez que trabajas el turno de la noche. No estás acostumbrada, por eso sientes que es demasiado pesado. Ya verás que después de que te acostumbres no tendrás problema.

Se sentó en silencio sobre el escritorio formado de pilas de libros, se comió varios chocolates mientras me miraba de reojo, como si quisiera decirme algo y no encontrara las palabras adecuadas. La urgí a que hablara:

—¿Tienes algo que decirme?

Se quedó callada un momento, luego dijo con la voz entrecortada:

—Yo... Yo... Hace tiempo que te quiero preguntar: últimamente sales siempre por las noches, ¿es que andas con malas compañías?

Al escucharla decir esto, tragué en seco. Al parecer pensaba que yo salía por las noches a juntarme con ladronzuelos y malandros. Al notar que me había quedado pasmado, sin dar respuesta, se imaginó que efectivamente me había descubierto, así que continuó en un tono dulce y delicado:

—¿Qué necesidad tienes de andar comiendo estos dulces tan caros, de usar esas ropas tan caras? Tú sabes que esos asuntos no dejan nada bueno. Imagínate que un día te atrapen, ¿con qué cara vas a salir a la calle? No es necesario que hablemos de las cosas del pasado, de ahora en adelante te pido que te endereces...

Yo seguía perplejo, mirándola fijamente con la boca y los ojos bien abiertos, porque sus reflexiones me habían tomado completamente por sorpresa. No sabía ni por donde comenzar a defenderme. Se quedó callada durante varios segundos, luego prosiguió:

—En cuanto a los cigarros que fumas, si dejas de fumar, ¿acaso no te puedes ahorrar unas monedas cada día? Ya te había dicho que no fumaras, sobre todo que no fumaras cigarros de esa fábrica a la que odio tanto, pero nunca me escuchas.

Al decir esto volvió a soltar de pronto un par de lágrimas. Yo sabía que esas eran lágrimas de odio contra aquella fábrica, pero en mi interior no me permitía pensar que fuera así: quería creer que esas lágrimas las derramaba por estarme aconsejando a mí. Medité en silencio durante un momento, esperé a que se calmara un poco y después le expliqué la procedencia de aquella carta que me había llegado el día anterior y le relaté cómo había cobrado después el dinero y comprado todas esas cosas. Al final le conté sobre mi neurastenia y sobre el motivo por el cual tenía que salir cada noche a pasear. En cuanto me escuchó defenderme de esta forma, me creyó de inmediato. Cuando terminé de hablar, ambas mejillas se le sonrojaron de pronto, bajó la mirada mirando hacia el escritorio y dijo de forma tímida:

—Oh, te he acusado injustamente. Por favor no te lo tomes a pecho, no lo he hecho con mala intención. Cómo te comportas de forma tan extraña pensé que andabas en malos pasos. Si es entonces que puedes trabajar bien, ¿no es esto algo muy bueno? Esa cosa que acabas de decir, ¿cómo se llama? ¿La que puedes vender por cinco *kuai*...? Si todos los días haces una pues, ¡qué bien estaría!

Al caer en cuenta de esta inocencia suya, mi corazón sintió una serie de emociones indescriptibles. Tuve ganas de extender mis brazos hacia ella y abrazarla, pero mi razón me ordenó: "¡No hagas el mal! ¡Sabes muy bien en qué estado te encuentras en el presente! ¿Quieres envenenar a esta virgen pura e inocente? ¡Demonio! ¡Demonio! ¡En este momento no estás en condiciones de ser digno de amar!

Cuando se hizo presente en mí aquel sentimiento, cerré los ojos durante varios segundos, esperé hasta después de que la voz de mi razón había hablado para abrirlos de nuevo. De pronto me pareció que todo a mi alrededor era más brillante que hacía algunos segundos. Le sonreí tímidamente y luego la urgí:

—¡Ya es muy noche! ¡Debes irte a dormir! ¡Mañana todavía tienes que ir a trabajar! A partir de hoy, ¡te prometo que dejaré de fumar!

Al escucharme decir esto, se puso de pie y se fue alegremente a dormir. Después de que se fuera, encendí una nueva vela y continué en silencio con mis múltiples reflexiones:

"De frutos de mi trabajo, de esos cinco *kuai* que obtuve por primera vez, ya me he gastado tres. Incluyendo el *kuai* con algunos centavos que ya tenía antes del pago. Después de pagar la renta, sólo me quedarán veinte o treinta centavos, ¡¿y ahora qué es lo que haré?!"

"¡Iré a empeñar mi desbaratado abrigo! Pero temo que quizás la casa de empeño no lo quiera".

"Esta muchacha está en verdad muy desamparada, pero la situación en la me encuentro yo es todavía peor. Ella no quiere trabajar más, pero se ve obligada por su fábrica; yo, en cambio, ando siempre queriendo encontrar un poco de trabajo y sin embargo nunca encuentro nada."

"¡Pues vete a hacer algo de trabajo manual! ¡Ay! Pero si a este par de muñecas endebles no les alcanza la fuerza ni para jalar un coche."

"¡Suicidarme! Si tuviera el valor ya lo hubiera hecho desde hace mucho." ¡El hecho de pudiera aún siquiera pensar en aquella palabra me demostraba que ese deseo aún no se había extinguido por completo en mi persona!

"¡Jajajaja! ¿Hoy el conductor de aquel trolebús qué fue lo que me gritó?"

"'Perro amarillo' Perro amarillo es en verdad un buen nombre..."

Tuve muchos pensamientos desordenados e inconexos, y al final no se me ocurrió ninguna buena idea para sacarme de mi actual pobreza. Escuché el silbato de la fábrica. Al parecer, anunciaba las doce en punto. Entonces me puse de pie, me puse el abrigo roto que me había quitado durante el día, apagué la vela de un soplo y salí como siempre a dar mi paseo nocturno.

Los vecinos del barrio ya se encontraban dormitando. Afuera del edificio que colindaba con la calle Dengtuo y que estaba frente al callejón Rixin Li, permanecían encendidas las lámparas verdes y rojas del exterior de algunas tiendas. Un sonido agudo y claro, de un tono más bien melancólico, llegaba hasta mis oídos a través del viento, en medio de la noche callada y solitaria: era una joven rusa que cantaba una melodía y pedía a cambio algunas monedas. El cielo estaba cubierto de nubes plomizas que se apilaban pesadamente como cadáveres putrefactos. A través de los espacios entre las nubes se podían ver algunas estrellas, mas los trozos de cielo oscuro que las rodeaban parecían albergar una pena infinita.

La araña y su telaraña

"Soy como una araña,
La vida es mi telaraña."
Cuando he terminado de tejerla,
Me duermo en el centro.

¡Ay! ¡¿En qué momento se dañó mi telaraña?!
Ahora que se ha roto, ¿dónde voy a vivir?
El Gran Espíritu de la Vida me dijo: "Repara tu telaraña, repara tu telaraña,
No hay en el mundo una telaraña que no se rompa."

Si vuelvo a tejer mi telaraña,
¿Debo tejerla entre el lujo y la abundancia,
La belleza y la finura,
O tejerla entre las ruinas y la devastación,
En medio de terrenos remotos y desolados?
El Gran Espíritu de la vida puso su mano sobre mi cabeza y dijo:
"Elige tú,
En donde sea que estés no faltarán la prosperidad y el gozo."

Empero, al tejer de nuevo mi telaraña aún me quedaba aquella debilidad del pasado,
No podía hacerle frente a los ataques del exterior.
¿La estructura de mi telaraña sería aún igual de uniforme que antes?
¿Las delgadas líneas paralelas se unirían formando formas de ocho, de doce esquinas?
El Gran Espíritu me entregó el "caleidoscopio de la vida" y me dijo:

"Mira adentro,
Lo que sea que ames, se formará ante tus ojos."

¡Ay! Las variadas formas y colores del caleidoscopio,
¡No son diferentes en nada a las del pasado!
Te pido que me des otro,
Escogeré con mucho cuidado.

"¡Arg!: ¡Pequeño insecto codicioso e ignorante!
Desde el caos originario hasta el día de hoy,
Nunca ha habido nadie que diga que las formas de adentro son iguales que las de antes.
La vida es una ilusión hecha a base unos estos cuantos pedacitos de vidrio multicolor,
No hace falta mirar dentro de otro caleidoscopio."

Aquella noche, la Luna estaba excepcionalmente brillante. Sólo un ligero viento soplaba a ratos por entre las flores del jardín, haciéndolas sonar sin descanso. Una pálida luz bajaba entre las hojas de las palmeras, proyectándose justo sobre el cuerpo de Shangjie y la señora Shi, su invitada. Aunque naturalmente a esta hora sus rostros no se alcanzaban a distinguir con claridad, sus voces sonaban como el eco golpeando las paredes de un apartado valle. No había ni un rastro de imprecisión.

Todas las cosas alrededor se hallaban sumidas en el más profundo silencio, como creando la atmósfera para una íntima charla: los pájaros en los árboles tenían el pico metido entre las alas; los insectos entre el pasto no se atrevían a emitir sonido alguno; sólo Mapache de Jade, el perrito a un costado de Shangjie, que había encontrado en su voz una canción de cuna, dormitaba profundamente soltando tímidos bufidos. Mientras ella lo acariciaba con sus delicadas manos, con la mirada fija en la silueta de la señora Shi, dijo con cierta pereza:

—Querida Duokui, yo ni siquiera escucho lo que dicen allá afuera. No voy a discutir por este asunto; aunque no creo en el destino, lidio con las cosas como vengan. No es necesario diseñar estrategias con anticipación.

Al escuchar estás palabras frías y calmadas, el corazón de su invitada se llenó de angustia y contestó:

—¡Te tiene demasiado sin cuidado tu porvenir! Si uno no se preocupa por su futuro el peligro es inevitable. Aunque lo que anden diciendo allá afuera no sea verdad, debes de tomar una postura más clara. Sólo así disiparas las dudas de la gente.

Shangjie tomó de una vez Mapache de Jade entre sus brazos, bajó la cabeza y lo siguió acariciando. Pasado un rato, rio con frialdad y dijo:

—¡Ay! ¡Ay! Mi querida Duokui, ¡no es así como tú dices! El peligro no se evita preocupándose por él. Ni siquiera sabemos con certeza lo que pasará dentro de la próxima hora, ¿acaso podemos calcular lo que pasará de aquí a dos o tres meses, a dos o tres años? ¿Me puedes asegurar tú que más tarde no correré peligro o que esta noche dormiré tranquila? Aunque supiera con certeza que esta noche correré peligro, no significa necesariamente que me daría tiempo de prepararme. Caminamos siempre entre la niebla. Más allá de un par de metros adelante, ¿quién puede saber qué nos depara el camino? En la Biblia dice: "No hay que jactarse del día de mañana, porque aún no se sabe lo que pasará el día de hoy" ¿Ya se te olvidó?... Ah, venimos de lo desconocido, vivimos entre lo desconocido y hacia lo desconocido vamos. Si te da miedo caminar por el sendero de la vida repleto de bruma sería mejor que detuvieras tus pasos; si lo que te gusta es andar errando, aunque el camino sea incierto y no siempre te haga feliz, lo recorrerás de todos modos. Si de cualquier forma hay que ir hacia delante, ¿de qué te vas a preocupar?

—Tal vez tú, al igual que otros forasteros de por aquí, no conozcas muy bien nuestro pasado. No estoy dispuesta a arruinar mi reputación, tampoco dejaré que él pase vergüenzas. Ya que quieres que tome una postura más clara, para eso tendré que develar un poco el pasado, pero te pido que por ahora lo mantengas en secreto.

—En teoría, yo no soy su...

La señora Shi no esperó a que terminara de hablar. Se paró de su asiento, volvió el rostro y, con una expresión de profundo asombro, dijo:

—¿Qué? ¡Eso está muy raro!

—No está tan raro, espera que te termine de contar; cuando escuches esto vas a entender a qué me refiero. Originalmente yo era la *tongyangxi*[1] de alguien más, aunque yo en realidad nunca me casé, es decir que técnicamente él y yo no somos esposo y esposa. En aquel tiempo, yo no lo amaba para nada, pero necesitaba de su ayuda para librarme de la brutal familia de mi suegra. Llegado este punto, y dadas las circunstancias de aquel momento, era ya inevitable para mi aceptarlo como esposo...

—Ya veo, con que tu familia tiene este particular pasado... Entonces, podríamos decir que tú y Zhangsun no están unidos en espíritu, sin embargo sigue siendo una unión antinatural.

Shangjie contestó solemnemente:

—¿Quieres decir que entre nosotros no hay amor? Para ser sincera yo nunca he sentido eso que se siente entre hombres y mujeres con ningún hombre; en cuanto al amor que me han dado a mí los demás, nunca he podido distinguir entre el sincero y el falso. Querida, es sólo una cuestión nominal: ame o no ame uno, esto sólo ejerce una ligera influencia sobre el espíritu. No tiene nada que ver con la organización de la familia.

—Él busca por todos los medios que yo lo reconozca como esposo. Cualquier persona que me conozca se puede dar cuenta. Sin embargo yo nunca he respondido a sus atenciones, porque él nunca se ha tomado el tiempo para examinar la forma en que yo actúo. Sus vicios son muchos, además tiene mal carácter. Esto todos lo saben. Cuando voy a la iglesia, cada vez que escucho a alguien decir que yo soy la esposa de Zhangsun Kewang siento mucha vergüenza. A menudo pienso que el amor que ofrece una persona que no se ama a sí misma es siempre falso.

"Aunque no lo amo, creo que debo de atender las labores del hogar y lo hago con gusto. Porque la familia es un asunto público

1 En la China rural, era costumbre de las familias con cierto desahogo económico el adoptar niñas y usarlas como criadas domesticas mientras alcanzaban la edad suficiente para casarse, y luego casarlas con alguno de los hijos de la familia.

mientras que el amor es un asunto privado. En realidad la relación entre ambos es justamente esa. Afuera dicen que el asunto entre el señor Tan y yo está muy mal. Mi familia ha llegado hasta este punto, ¿cómo más podría yo arruinarla?

La señora Shi dijo:

—Hasta ahora me voy enterando de la verdad sobre tu familia. Cuando vuelva a casa se lo contaré al señor Shi para que no crea todo lo que andan diciendo por ahí. Yo sé que tú eres una buena persona, que eres una mujer pura y noble, estoy segura de que Dios te protegerá —dijo esto y le dio unas cuantas palmaditas en el hombro, luego se puso de pie y se despidió.

Shangjie caminó junto con ella bajo la sombra que proyectaban las flores, mientras andaba, decía:

—Estoy más que de acuerdo en que le cuentes mi historia al señor Shi. En cuanto a lo que andan diciendo respecto a que el señor Tan y yo tenemos una relación íntima, de que soy una adúltera, la verdad no me importa. Incluso Zhangsun no ha vuelto en varios días. Supongo que está enojado a causa de ello, pero yo tampoco voy a explicarme ante él. No hay en el mundo una persona que sea capaz de extraer la verdad y mostrársela a otra persona; aunque la hubiera, la otra persona tampoco entendería. Entonces, ¿qué caso tiene gastar saliva? Cuando una persona está prejuiciada en contra de algo, es muy difícil llegar a la verdad. Toda la gente tiene prejuicios, por lo tanto es inevitable que surjan diferentes juicios sobre el mismo asunto. A mí no me importa que los demás me critiquen, mientras yo misma no sienta vergüenza. Mientras esté en buenos términos con los astros en el cielo y los insectos bajo la tierra, con eso tengo. No te preocupes, cuando me llegue el tiempo de lidiar con las cosas, ya sabré como arreglármelas. Eso es todo lo que te quería decir, después si hay tiempo volvemos a platicar.

Acompañó a su invitada hasta la puerta y llevó a Mapache de Jade hasta su casita. Para entonces ya era algo tarde. La luz de la Luna entraba por la ventana, descansaba sobre las mesas y las sillas, los tapetes y las almohadas, tiñendo los objetos dentro de la casa del color del plomo. Extendió la mano e hizo sonar la campanilla al lado de la cama. En menos de un instante se presentó la muchacha Tuo, que era la sirvienta. Le preguntó:

—¿La niña Peihe ya se durmió?

La muchacha Tuo le respondió desde la puerta:

—Hace mucho que se fue a dormir. Los bocadillos ya están listos, ¿desea que se los traiga?

Al decir esto prendió la luz, los objetos dentro del cuarto se colorearon repentinamente. Al encenderse la luz, apareció la imagen de Shangjie recostada sobre la cama. Unos ojos vivarachos, mejillas tersas, nariz como cebolla, cejas arqueadas, labios de durazno en floración, cabello enmarañado... Todas las formas de belleza posible se conjugaban en su persona. Su estatura era también muy adecuada. La voz que salía de su boca era siempre armoniosa y dulce. Incluso los que no entendían de música, al escucharla experimentaban variadas y silenciosas emociones. Al ver que la muchacha Tuo había prendido la luz, le dijo:

—Apágala mejor, es demasiado brillante y me molesta. Hace un momento me olvidé de invitar a la señora Shi a que se quedara para los bocadillos. Yo no tengo mucha hambre, no es necesario que los traigas, se los pueden comer ustedes. Cuando termines de acomodar las cosas prendes una vela y me la traes.

La muchacha Tuo acató sus órdenes, apagó las luces de inmediato y dijo:

—El señor quizás no vuelva tampoco esta noche, ¿puedo cerrar la puerta de la entrada?

—Sí, yo creo que ya nunca va a volver. Cuando terminen de comer cierran la puerta y se van a descansar. La noche está ya muy obscura.

Shangjie estaba sentada sola en medio de aquella casa inundada por la luz de la Luna. La vela sobre la mesa ya se había consumido en dos terceras partes, un viento ligero acariciaba incesantemente la flama, sus ojos estaban exhaustos de tanto ver aquel pequeño objeto que producía fuego. Se levantó entonces y llevó la vela hasta la mesa frente a la ventana de la esquina del cuarto. Al lado había una colchoneta, sobre la que descansaban algunos tomos de la Biblia y algunos libros de letanías. Sus deberes cotidianos consistían en arrodillarse sobre aquella colchoneta y rezar en silencio algunos de los versos de aquellos libros o bien, recitar en voz alta algunas plegarias. Podía olvidarse de todo lo demás, pero nunca descuidaba este sagrado ritual. Se arrodilló y meditó durante un largo rato. Para cuando abrió los ojos, la llama quién sabe en qué momento había huido ya de aquel candelero.

Se levantó, puso en orden los diversos instrumentos y se fue a dormir. ¿Pero cómo podría dormirse? Ah, pues la Luna, como buena huésped, no deseaba perturbar su sueño. Poco a poco se fue despidiendo de ella y se movió hasta el jardín a conversar con sus amigas las flores, las piedras y el pasto.

Aunque la Luna le dijo adiós, ella seguía observando con detenimiento el cielo tras la ventana, como si quisiera contarle todos los secretos dentro de su pecho. Se movía de un lado a otro sobre la cama cuando de pronto escucho un ruido extraño que sonó muy fuerte desde el jardín. Se levantó y fue a asomarse a la ventana, pero observo que la niebla y los pesados árboles envolvían al jardín bloqueándole la vista. Entonces bajo de puntitas por la escalera a despertar a la muchacha Tuo y le ordenó que fuera a averiguar el origen de aquel extraño ruido. Por supuesto la muchacha Tuo no se atrevió a ir sola, así que fue al cuarto de la entrada a despertar al hermano Tuan y le pidió que fuera junto con ella explorar los muros del jardín. Así, el hermano Tuan se levantó también.

La muchacha Tuo regresó al poco tiempo y reportó entre risas:

—¡Adivine qué! Lo que pasa es que un desdichado ladrón se ha caído de nuestro muro. Se ha lastimado las piernas y se ha herido también la cabeza. Hay sangre por todos lados, no se puede ni mover. El hermano Tuan le está dando duro con una vara.

En cuanto Shangjie escuchó esto, todos sus temores de hace un momento se transformaron en un instante en sentimientos de compasión. Corrió hacia el muro del jardín sin que le diera tiempo de responderle a la muchacha Tuo. El hermano Tuan aún estaba ahí:

—¡Mal nacido malhechor!... ¡Rufián incorregible!... —intercalaba cada frase con un varazo, golpeándolo y maldiciéndolo con singular alegría.

Shangjie lo detuvo en cuanto llegó, luego le ordenó que, con ayuda de la muchacha Tuo, cargara a aquel ladrón malherido y lo llevara al interior de la casa. Les instruyó que lo recostaran sobre su cama. Los sirvientes mostraban ambos una expresión de renuencia, ya que pensaban que un ladrón no era merecedor de tan amables tratos.

Shangjie se dio cuenta de lo que pasaba por sus mentes, así que les dijo:

—Que una persona llegue al extremo de tener que dedicarse a robar es una de las cosas que más merecen nuestra compasión. Si ustedes no hubieran tenido tanta suerte, quizás… —llegado este punto sintió que estaba cruzando una línea, que tal vez incomodaría a sus sirvientes, así que volvió a formular su frase—. Si ustedes entendieran sus circunstancias, tal vez lo compadecerían. Si yo veo una persona herida debo ayudarla sin importar qué. Ustedes a menudo escuchan la frase "Hay que ayudar a los necesitados". Cuando se han encontrado en momentos de desesperanza, seguro también se sueltan a decirla; ¿por qué no compadecer a este hombre desde la lógica de que se encuentra en un momento de necesidad? No se preocupen si su sangre mancha el tapete. Traten de ayudarlo a que se recueste.

Al hermano Tuan no le quedó más que ayudar a recostar a aquel hombre. Dijo refunfuñando:

—¿También quiere que mandemos llamar a un doctor?

—No tan rápido. Acércame un poco la lámpara, déjame que lo revise. Tengo bastante experiencia atendiendo heridos. Muchacha Tuo, ve arriba y tráeme el botiquín —luego se dirigió al hermano Tuan—. Tú ve a traerme una bandeja con agua limpia.

Los sirvientes se fueron a realizar cada uno sus tareas. Aquel ladrón, aunque tenía los ojos cerrados, había escuchado claramente cada palabra que salió de la boca de Shangjie. La gratitud que sintió le hizo olvidarse de que era un criminal y sintió por un momento que era el joven que más compasión podía obtener sobre la tierra. Era quizás la primera vez que alguien lo trataba así. Soltó un gemido y dijo con una voz profunda y baja:

—Compasiva señora, ¡qué Buda la guarde!

El torso de aquel hombre había sufrido un gran daño; sin

embargo el daño en sus piernas era considerablemente menor. Ella limpió con un algodón remojado en ungüento la sangre de las heridas y las vendó. Cuando terminó ya era de día.

Se acababa de dar la vuelta y estaba por subir a cambiarse de ropa cuando de pronto oyó que tocaban la puerta con gran apuro. Se detuvo y preguntó:

—¿Quién viene a tocar tan temprano?

—De seguro es la policía.

La muchacha Tuo dijo estas cinco palabras angustiándola de inmediato. Ella respondió:

—¿Y quién le avisó a la policía? —aquel ladrón yacía recostado sobre la cama, en cuanto escuchó que venía la policía lamentó no poder arrodillarse a implorar misericordia, pero esta acción se expresó a través de sus dos exhaustos ojos. Shangjie corrió hasta donde él estaba y lo consoló—. Yo no le avisé a la policía...

Justo cuando aclaró esto, aquellos pasos que venían de fuera ya habían entrado a la casa. Quien había llegado no había sido para nada la policía, sino el amo de la casa, Zhangsun Kewang. Al ver a Shangjie ahí parada en ropa de noche, hablando con un hombre recostado sobre la cama, un fuego indescriptible que venía desde su interior comenzó a salírsele por todos los poros del cuerpo. Lo primero que dijo fue:

—¿Quién es éste?

Esa pregunta no era nada fácil de responder para Shangjie, ya que ni siquiera le había preguntado su nombre a aquel herido; tampoco quedaba muy bien decir que era un ladrón.

—Él... Él es un hombre herido...

Kewang no esperó a que terminara, la tomó del brazo y le dijo:

—Lo que tú has hecho, hace mucho que lo sé. Estos días en que no volví a casa, fue justamente para ver cómo te comportabas. Hoy te he atrapado con las manos en la masa, ¿qué alguna vez te he defraudado?... Vamos arriba, ahí seguimos hablando.

Sin darle opción, la subió a jalones por la escalera. La muchacha Tuo, que estaba al lado, se sintió angustiada y gritó con fuerza:

—¡Es un ladrón!

—¡Soy un ladrón! ¡Soy un ladrón! —gritó también aquel pobre hombre.

Kewang sólo lo vio, se rio con frialdad y dijo:

—Sé muy bien que eres un ladrón. No es necesario que me digas tu nombre. Descansa aquí por ahora.

En cuanto llegaron a la alcoba, Kewang dijo:

—Te pregunto, ¿he hecho algo para ofenderte? Cuando quisiste ir a la escuela, enseguida hice arreglos para que pudieras ir; cuando quisiste ir a la iglesia a escuchar misa, preparé especialmente un coche de caballos para que te llevara. Ahora ya tienes estudios, también eres parte de una iglesia, así que te pregunto, ¿esto es lo que te han enseñado en la escuela? ¿Esto es lo que te han enseñado en la iglesia?

Lo que él pretendía era interrogar a Shangjie sobre el porqué de su adulterio, pues hacía mucho tiempo que escuchaba que Shangjie resentía que fuera un bruto sin educación y planeaba dejarlo para casarse con un hombre de apellido Tan. Lo que había pasado aquella noche lo desconocía por completo, pero al entrar por la puerta y ver la expresión en el rostro de Shangjie, pensó como siempre que se trataba de un lío de amores. Shangjie por su parte creía que lo que pasaba era que al no le gustaba que tratara tan bien a un ladrón. Su compasión era su don natural, además creía que proceder de esta forma no entraba para nada en conflicto con su educación ni su fe, así que contestó:

—Sí, eso es lo que me han enseñado en la escuela, también es lo que me han enseñado en la iglesia. Tú tal vez…

—¡¿Ah sí?! —rugió Kewang, luego sacó ferozmente un pequeño cuchillo que traía consigo y se lo clavó a Shangjie en el hombro. Aquella desdichada mujer cayó de inmediato sobre el suelo: aquel rostro de pálido jade parecía como si se hubiera hundido en un charco de tinta roja.

No dijo nada, pero su actitud callada y mansa bastó para conmover a aquella bestia necia y tonta. Ante estas circunstancias, la ira feroz en el corazón de Kewang ya había sido conquistada por un sentimiento de profundo terror. No acertaba a moverse siquiera, permanecía parado como en un trance. Al ver que Shangjie no se movía para nada, pensó que debía estar muerta; en ese momento, sintió como el peso de su crimen lo aplastaba, no pudo quedarse más tiempo en ese lugar. Salió corriendo como humo que se esfuma.

Cuando la muchacha Tuo lo vio correr, supo enseguida que arriba había pasado un accidente, así que subió a toda prisa. Al ver el estado de Shangjie, se le escapó un "¡Oh Dios mío!", enseguida trató de ayudarla a levantarse. En ese momento Shangjie abrió ligeramente los ojos, quería decirle algo pero no le salían las palabras. Hizo una seña con el dedo y sólo entonces se dio cuenta la muchacha Tuo del cuchillo clavado en su hombro. Las manos de la muchacha Tuo eran débiles y frágiles, todo su cuerpo temblaba. Cuando intentó levantar a Shangjie no le alcanzaron las fuerzas. Le dijo a su patrona con lágrimas en los ojos:

—Déjeme que vaya por el doctor.

—Shi... Shi... —la muchacha Tuo entendió que Shangjie quería que llamara a la señora Shi, entonces contestó—. Está bien, también traeré a la señora Shi.

Llamó al hermano Tuan para que cuidara la puerta y contrató ella misma un coche para ir a buscar ayuda. El doctor recostó a Shangjie sobre la cama y la atendió con serenidad; cuando la señora Shi llegó, todo el asunto ya se había dado por concluido. El doctor le dijo a la señora Shi:

—Las heridas de la señora Zhangsun no son graves, cuídenla un par de semanas y quedará como nueva. Por suerte el cuchillo salió por la escápula sin perforar el pulmón... Aquel par de heridas no son nada de qué preocuparse.

Después de que el doctor se fue, la señora Shi se sentó a la orilla de la cama a consolar a Shangjie. En ese momento, Shangjie pareció recuperar un poco el espíritu, le dijo a su íntima amiga:

—No puedo hablar mucho, sólo te pido que lleves al hospital al hombre herido que está abajo; lo demás ya te lo contaré cuando esté un poco mejor... ¡Ay, querida amiga! No puedo estar lejos de ti en estos momentos, debes quedarte conmigo durante estos días.

Desde que la señora Shi entró por la puerta, no supo explicarse porqué en la parte de abajo estaba recostado un hombre herido. Cuando la muchacha Tuo fue a buscarla, tampoco le explicó los detalles. Al ver el estado de Shangjie, menos aún le pareció prudente seguirle preguntando, pero la sagacidad de Shangjie no podría nunca verse dañada por un cuchillo, por lo que se dio cuenta desde el inicio de que la señora Shi no llegaba a comprender el fondo de la situación, así que le dijo:

—En este momento no tengo fuerzas para contarte a detalle, puedes preguntarle a la muchacha Tuo. Sólo date prisa, si él regresa, temo que atente contra su vida.

La señora Shi procedió de acuerdo a sus instrucciones y, al volver, se quedó en el cuarto a hacerle compañía. Ya no regresó a su casa. La pequeña Peihe, con sus cuatro años, por supuesto no sabía que era lo que estaba pasando. Continuaba con su pacífica existencia en medio de risas y juegos.

Una semana y después dos, transcurrieron calladas en medio de la enfermedad de Shangjie. Poco a poco se fue recuperando. Hacía mucho que no iba al jardín, así que le pidió a la señora Shi que la ayudara a salir. Pasaron bajo la sombra de diversos árboles y se detuvieron al llegar a la orilla del jardín; ahí se quedaron a descansar. El lugar donde se sentaron estaba lleno de rosas. Aquel panorama sosegado, perfumado y cálido era en verdad capaz de erradicar todas las tristezas y dolencias.

—Ya me había olvidado de que aquí tenemos flores muy bonitas, al rato que volvamos podemos tomar algunas y llevárnoslas al dormitorio.

—Tú descansa, yo te escojo algunas.

Al decir esto, la señora Shi se levantó a arrancar algunas flores. Shangjie vio que a sus pies había una flor muy grande, la señaló con el dedo y le dijo:

—¡Mira! A tus pies hay una muy grande y muy bella, ¿por qué no la tomas?

La señora Shi bajó la cabeza y la vio, la tomó con la mano y luego soltó un suspiro.

—¿Qué te pasa?

—Esta no es una buena flor —dijo la señora Shi, porque

de aquella flor sólo quedaba la mitad de arriba, la otra parte había sido dañada por los insectos. Temía decir algo que lastimara los sentimientos de Shangjie, así que sólo respondió de esa forma, pero Shangjie podía ver claramente que aquella era una buena flor, así que le pidió que se la acercara para verla.

—Querida Duokui, ¿dices que esta no es una buena flor? ¡Yo en esto encuentro una lección de vida! Esta flor, a pesar de haber sido dañada por los insectos, ha florecido de una forma muy bella. Podemos ver que con las personas es igual: si no se les alcanza a arrebatar la vida, aunque no estén completas, de todos modos pueden disfrutar de una buena parte de las alegrías de este mundo, ¿o tú qué opinas?

La señora Shi, que sabía que había hecho la conexión con su propia persona, se limitó a responder:

—¡Por supuesto! La ventura y la desventura no tienen gran relación con nuestra vida.

Mientras conversaban, la muchacha Tuo recibió al señor Shi y lo llevó hasta donde estaban. El señor Shi saludó a Shangjie y a su esposa, y se sentó frente a ellas en una banca. Sin esperar a oír lo que tenía que decir, lo primero que la señora Shi le dijo a su marido fue:

—¿Cómo vamos a solucionar este asunto?

El señor Shi dijo:

—Es justo por eso que he venido a hablar con la señora Zhangsun. Ayer en la iglesia hubo una discusión muy acalorada, porque algunas personas dijeron que las acciones de Kewang fueron todas forzadas por su mujer y que era necesario prohibirle a esta que participara más en las actividades de la iglesia. El padre Fengzhen y yo debatimos con arrojo, pero todo fue en vano —miró y a Shangjie y continuó—. El que vayas o no vayas a misa no es fundamental, porque nuestra fe jamás podrá ser limitada por los rituales y las ceremonias establecidas; nuestro comportamiento, el que obremos con un corazón lleno de bondad, eso es lo importante.

—Entonces como no entregué a aquel pobre hombre a la policía, ¿ahora debo de ser castigada?

El señor Shi negó con la cabeza:

—No, no. El problema no está en eso. El día de antier Kewang mandó una carta muy larga a la congregación, describiendo como lo habías deshonrado, como planeabas abandonarlo por otro hombre. Nombró aquella persona con la que supuestamente te relacionaste, así como su lugar y hora comunes de encuentro. Además agregó que no deseaba volver a verte jamás, que a menos de que se divorciaran, él no volvería nunca a casa. Son muchos los que le han creído, sin importar cuanto hemos alegado nosotros. Aunque nosotros sabemos que las cosas no son así, la verdad es que no hemos podido encontrar pruebas para demostrar lo contrario. Deja que te diga de una vez, si esto llega a la corte, yo puedo brindarte mi ayuda. Aquí no es como en nuestro país, donde en las cortes no hay espacios para que hablen las mujeres. Además él abrió su negocio con el capital que pusiste tú. De acuerdo a la ley, si se separan te debe de tocar por lo menos la mitad de las propiedades... La verdad, estás mejor sin un hombre como aquel.

Shangjie dijo:

—Esas cosas no hay necesidad de discutirlas por ahora, ya se lo he explicado a tu mujer. Los de la congregación, debido a sus preceptos, dicen que mi proceder es inadecuado y me han prohibido el acceso a la iglesia; esas son sus creencias, ¡¿qué más me queda a mí por decir?!

Al pronunciar la última frase, el sonido de su voz se hizo más tenue. En su semblante se notaba la desilusión, causada porque sus propios compañeros de congregación la habían malentendido y habían malentendido su fe.

—¡Ay! ¿Cómo es posible que aquellos que profesan la misma fe no sean también iguales entre ellos?

Al escuchar al señor Shi decir esta oración, Shangjie se animó de pronto y dijo:

—¿Eso qué caso tiene preguntarlo? ¿No has escuchado a la gente decir 'La misma agua, si la bebe la vaca se vuelve leche, si la bebe la serpiente se vuelve veneno'? Yo puedo asegurarme de que mi agua se vuelva leche, ¿mas puedo acaso entrometerme en el agua vuelta veneno de los demás? Que si el asunto llega hasta la corte, de eso tampoco hay necesidad. Para empezar, oficialmente yo nunca me casé con él, así que no necesito ir hasta la corte a pedir un divorcio. Si él ha decidido que ya no quiere verme nunca más, no me queda más que mudarme. Las pertenencias son una carga trivial e inútil en esta vida. Si me quedo sin ellas, da igual, ¿para qué voy a discutir con él? Las cosas buenas que él me ha brindado tampoco son pocas, esto se lo dejo a él…

—Pero si le dejas todo a él, en seguida te quedarás sin medios para vivir. ¿Y qué hay de Peihe?

Shangjie titubeó durante un buen rato, luego dijo:

—No pasa nada. Yo también he ahorrado un poco durante este tiempo, así que en el peor de los casos, no me alcanzará para más de un año. En cualquier caso, seré yo la que luche por mí misma. En cuanto a Peihe… —meditó durante un momento más y después prosiguió—. De acuerdo, esperaré a saber qué es lo que él tiene en mente. Si lo que quiere es quedarse con la niña, tampoco por eso pelearé con él. Me iré yo sola de aquí.

Aquel matrimonio conocía muy bien cuáles eran los sentimientos de Shangjie. Sabían que estaba decidida, no hacía falta intentar persuadirla. Además, no importaba de qué asunto se tratara, ella siempre manejaba las cosas de acuerdo a su espíritu religioso. Cuando Shangjie mostraba una actitud como aquella, serena y resuelta, había veces que sorprendía al común de las personas con lo que lograba.

El señor Shi estaba convencido de que Shangjie podría resolver por ella misma su futuro. En cuanto la escuchó hablar ya no dijo nada más, se limitó a fruncir el ceño ligeramente. La señora Shi ya había hecho planes. El matrimonio tenía una villa en Tuhua, a la cual habían pensado mandar a Shangjie desde el inicio para que se recuperara, pero fue hasta ahora que la mencionó:

—Hermana Shangjie, yo sé que tú tienes un mejor plan, sin embargo aún no te has terminado de recuperar y todavía no puedes comenzar con tus empresas, ¿por qué no vas a nuestra villa a reposar durante un tiempo? Al cabo de algunos meses ya podrás hacer planes.

El señor Shi reaccionó, dirigiéndose a su esposa:

—Esa es una buena idea, solamente que el camino es un poco largo: yéndose por barco, tarda uno al menos dos días en llegar. No obstante, nosotros ya estamos acostumbrados a los viajes, de modo que el ajetreo de las olas no es capaz de someternos. Si la señora Zhangsun acepta ir, quizás tú puedas acompañarla y ahorrarle así un trayecto solitario.

Shangjie también había pensado en buscar un lugar tranquilo para recuperarse. No había tenido en cuenta la maravillosa lealtad de aquel matrimonio, así que aceptó sin vacilar. Sin embargo, no estaba dispuesta a causarle problemas a los demás, así que no permitió que la señora Shi la acompañara. Dijo:

—Yo ya estoy acostumbrada a una vida solitaria. Tú en casa tienes muchos pendientes por atender, ¿cómo voy a dejar que viajes junto conmigo? Es mejor que vaya sola. En verdad estoy muy agradecida con ambos por su amistad, no sé cómo pagarles; aunque supiera, no podría retribuirles ni una centésima parte de lo que me han dado. Por lo tanto sólo les diré que tienen mi gratitud infinita. Señor Shi, lo molestaré una vez más con el favor de que investigue cómo quiere disponer Kewang de nuestra hija Peihe. Una vez arreglado ese tema, me partiré.

Al decir esto, arrancó un pétalo grande y bello de la rosa que acababa de arrancar y se lo puso en el pecho al señor Shi a manera de botón. Al poco rato, el señor Shi se levantó y dijo adiós; salió a cumplir con su encargo.

Tuhua se encuentra en la costa oeste de la Península de Malasia. Aunque no es un lugar muy grande, cuenta con un paisaje espléndido. El mar de ese lado es rico en perlas y joyas, por lo que los buscadores de perlas y tesoros naturales constituyen a más de la mitad de la población. El lugar en donde vivía Shangjie estaba justo en medio de un bosque de palmas a la orilla del mar. Desde el umbral de su puerta, veía con frecuencia a los barcos buscadores de perlas ir y venir entre el dorado de las conchas de mar y el plateado de las crestas de las olas. Este trabajo de buscar perlas le dejó a ella numerosas lecciones porque a lo largo de los meses se puso a pensar que la vida es como meterse al mar a buscar perlas; el buscador se aventuraba a pasarse todo el día dentro del mar, sin tener certeza de qué o cuánto iría a encontrar. Pero este sentimiento jamás ponía en peligro su vida. Al ver a aquellos hombres salir todos los días a perderse en su búsqueda, comprendió de pronto que su paso por este mundo había sido igual que buscar perlas en el mar. No sabía qué o cuánto obtendría, sin embargo salía todos los días a arrojarse al mar porque esa siempre había sido su naturaleza.

No sólo no sentía un rastro de desaliento en cuanto a su futuro, sino que se sentía doblemente motivada para seguir adelante. Aunque Kewang le había arrebatado la relación con su hija, prohibiéndole a Peihe que la siguiera, ella seguía sin abandonar su deber. Cada mes mandaba en secreto a un enviado a que fuera hasta su casa a llevarle comida y ropa a su hija.

Ya había convertido aquella villa en un pequeño comercio de perlas. Los que vivían ahí decían que era una esposa abandonada y la veían con desdén, por lo tanto la gente con la que se relacionaba eran todos trabajadores de los barcos de perlas. Cuando aquellos hombres, que no pensaban demasiado, se sentaban a descansar, debido a sus atributos de mujer, se pelaban unos con otros por hacerla feliz. Pero su porte digno y solemne con frecuencia acallaba los malos pensamientos de aquellos hombres, los amansaba y lograba que vieran en ella a una guía.

A lo largo de tres años, aparte de dedicarse a su negocio, le enseñó a sus amigos algunas frases en inglés, les mostró algunos pasajes de la Biblia, les compartió algunos elementos de cultura general. Dentro de su círculo había obediencia y apoyo, todo iba viento en popa. Si hablamos de vivir una vida feliz, al verla a ella de esta forma, podemos decir que no estaba nada mal.

Aun así, algo seguía faltando en su interior. No tenía ningún lugar en la sociedad, tampoco en la familia; pongámonos a pensar, ¿qué era lo que pasaba en su interior? La sociedad la tenía sin cuidado, mas la familia le partía el corazón. Aunque la señora Shi le escribía con regularidad, ella casi nunca abría las cartas, pues en cuanto lo hacía, ese inexpresable dolor en el corazón incrementaba mil veces.

Siempre que pensaba en su familia, se iba a pasear por el bosque. Las cigarras en los árboles se le figuraban como la voz de su hija que le decía: "¿Mamá? ¿Mamá?". Esto no tenía nada de raro, pues aunque el sonido se emitía sin intención, aquel que lo escucha siempre le dará un significado. A ella no sólo le pasaba esto con el sonido de las cigarras, sino con todos los sonidos y colores a su alrededor.

Cualquier cosa que entrara en contacto con sus sentidos se le figuraba a su familia.

Cuando se sentaba bajo los árboles a observar las olas interminables chocar una por una contra la costa y volverse a ir, se imaginaba a su hija saliendo de entre las olas. Esto le pasó más de una vez. Aquel día estaba sentada de nuevo ahí, traía en la mano una foto de Peihe que le había enviado hace poco la señora Shi. La miró y la volvía a mirar; la miró hasta que los ojos se le marearon. De pronto alzó la cabeza y se dio cuenta de aquello extraño que acontecía. Vio como un hombre se acercaba desde la costa llevando a su hija de la mano, atravesando los árboles hasta plantarse frente a ella. Aquel hombre dijo:

—¡Señora Zhangsun! ¡Hace cuánto que no nos vemos! Espero que todo esté bien con su salud. Le he traído a su hija.

En ese momento, Shangjie abrió grandes los ojos. Sólo entonces se dio cuenta de que efectivamente se trataba del señor Shi que había venido a buscarla trayendo a Peihe. No esperó a contestarle a señor Shi. Se paró de un salto y apretó fuerte a Peihe entre sus brazos; su llanto comenzó a resonar como un trueno desde lo más profundo de su corazón. Peihe, como no la reconocía, se asustó y se soltó a llorar también. El señor Shi no sabía que sentir, estaba parado a un lado secándose las lágrimas lo mejor que podía.

Después de que cesaron estos tres distintos llantos, Shangjie, todavía entre sollozos, saludó al señor Shi:

—¡Que feliz estoy! Nunca pensé que vendrías a verme, ¡mucho menos que traerías a Peihe contigo!

Las cosas que quería preguntarle eran muchísimas. Por un momento, no supo ni por dónde empezar, sólo apretaba fuerte a Peihe mientras miraba fijamente al señor Shi.

El señor Shi dijo con solemnidad:

—Querida señora, he venido a traerte buenas noticias.

—¡Buenas noticias!

—Primero tranquilízate un poco, deja que te cuente a detalle. En cuanto nos enteramos de estas noticias, mi mujer me mandó a buscarte junto con Peihe. Nosotros no estábamos al tanto de esta maravilla; apenas hace algunos días nos enteramos por medio del padre Fengzhen. Desde aquel año en que el padre renunció a raíz de todo el problema que hubo contigo, ya sabes cómo le fue.

—Sí, lo sé. ¿Qué no se volvió sastre de día y panadero de noche? Pero yo siempre tuve confianza en que el Señor lo ayudaría, pues el hijo de Dios dijo: "Aquellos que sufren por una causa justa serán beneficiados". ¿Le va bien en sus empresas?

—Es verdad que no ha encontrado nada que no pueda superar. No sólo se la pasa día y noche trabajando, sino que cuando tiene tiempo también anda por todos lados predicando el evangelio. Ahora ya no tiene que pasar dificultades, porque su antigua congregación ha observado su conducta y le ha pedido que vuelva a su país de nuevo como padre de la iglesia. Hace una semana que se fue.

—¡¿En serio?! ¡Bendito Dios! ¡Era imposible que sufriera por demasiado tiempo!

—Justo debido a que mi pastor ha regresado a su país, es que puedo estar aquí parado frente a ti. ¿Sabías que el señor Zhangsun también ha recibido su gracia? Este asunto, entrando en detalle, es en verdad un milagro. He venido justo para contártelo.

"Hace algunos días, el señor Zhangsun vino de pronto a buscarme a mi casa. Todo este tiempo había guardado su distancia. En varios años no vino a vernos más que de un par de veces, por lo tanto esta visita inesperada me sorprendió en demasía. Lo primero que me preguntó fue cuál era tu situación actual y se puso entonces a contarme su arrepentimiento. Me dijo que el remordimiento le había llegado de pronto, que se lo había despertado mi pastor. Te voy a repetir palabra por palabra lo que me dijo:

"'En este último par de años, el pastor me ha venido a buscar con regularidad para conversar. A veces también me ha invitado a que vaya a su panadería a escucharlo predicar. En las pocas ocasiones que hemos interactuado, me he dado cuenta de que él en verdad es mi maestro. Siempre que me encuentro en alguna dificultad o enfrento una duda difícil de resolver, acudo a él en busca de consejo. Desde el año antepasado en el que tuve el problema con Shangjie y nos separamos, no dejé de pensar en qué fue de ella, de preguntarme si se encontraría bien. Además, cada que escuchaba a los sirvientes recordarla, se me llenaba el corazón de arrepentimiento. Pero siempre pensé que una vez que un hombre ha hablado, no debe de dar marcha atrás; una vez que se han hecho las cosas, ¿con qué cara puede uno deshacerlas? Al principio pensaba castigarla para siempre. Sin embargo, entre más pasaba el tiempo, más comencé a sentir que algo no estaba bien. Cuando el pastor estaba a punto de irse, en la última sesión a la que asistí con él, leyó un pasaje de la Biblia que conmovió mucho. Una vez concluida la sesión, me dijo que en verdad esperaba que yo invitara a Shangjie a que volviera. Después me leyó diez capítulos del Evangelio de Marcos. Luego de que hube aprendido aquella lección, comencé a sentirme cada vez más mezquino, más miserable, más ruin; comencé a sentir que yo a ella le debía todo. Ahora te pido que te lleves a Peihe a ver a su madre. Espero que pueda perdonarme aunque sólo sea por nuestra hija. Ustedes vayan primero, yo también iré después en persona.'

"Habló mucho de todas las cosas de las que se arrepentía. Es imposible que te las repita todas a detalle. Una vez que llegue, déjale que te las diga todas a detalle y en persona. Me extrañó mucho que nuestro pastor no hubiera mencionado nada acerca de esto antes, sino que esperó hasta el momento justo de irse para mencionarlo brevemente; en cambio lo hizo que fuera en persona hasta mi casa, ¿acaso no es un milagro?

Shangjie escuchó estas palabras sin mostrar signos visibles de alegría, se limitó a decir:

—Mi comportamiento para empezar no es asunto de nadie, ni se trata tampoco de que la gente me compadezca o me dé su aprobación; como sea que me trata la gente yo igual lo soporto, nunca busco problemas con nadie. Si alguien me lastima, yo igual los perdono, ¿cómo no lo voy a perdonar a él? Que él mismo se dé cuenta de su rudeza es ya una situación extremadamente afortunada. ¿Vienes a que te muestre mi cuarto? Ven, caminemos juntos.

Caminaron y siguieron conversando. El señor Shi le preguntó cómo le iba en los negocios por esos lugares. Ella no quería relatarle todas y cada una de las dificultades que había enfrentado, así que solamente le dijo:

—En este lugar siento que varios años de trabajo no han sido en vano, porque he encontrado muchas perlas perdidas. Naturalmente,no basta con simplemente meterse al mar para encontrar esas esquivas perlas, no es tan sencillo, ¡pero aun así yo ya he encontrado más de treinta! Aparte de eso, no tengo más que decirte.

Shangjie puso en orden todos sus asuntos. Al ver que Kewang no llegaba, se dispuso a regresar junto con el señor Shi. Justo cuando iba rumbo al barco a despedirse de sus amigos, vio a Kewang que venía caminando en dirección opuesta junto con uno de los hombres del lugar. En cuanto vio que era Kewang mostró una sonrisa y se adelantó algunos pasos para recibirlo:

—¡Kewang, la paz sea contigo!

En cuanto Kewang la vio le dirigió una reverencia profunda y sincera. Le dijo:

—Mi estimada señora, todo lo que he hecho ha sido dañarme a mí mismo, he destruido la relación que nos unía, ya no me atrevo a hacer nada más. Sé muy bien cuanto te he ofendido. En verdad no merezco que me vuelvas a mirar siquiera. Espero que mis errores no hayan encontrado un sitio permanente en tu corazón. Hoy he venido aquí a expresarte mi arrepentimiento y mis ansias de redimirme; también he venido a pedirte que regreses a casa y te hagas cargo de todo. ¿Quieres ponerte en marcha ahora mismo? Creo que puedes irte ahora mismo con el señor Shi, yo regresaré un poco despué.

Al ver aquella sincera actitud, a Shangjie le pareció que el que estaba parado frente a ella y el Kewang de antes eran dos personas completamente distintas. Naturalmente, el corazón se le llenó de alegría y le agradeció en silencio a su dios por el milagro que acababa de presenciar. Dijo:

—Ay, los asuntos del pasado son como humo que nos llega entre sueños, hace mucho que se han disuelto en el aire, ¿para qué los vamos a volver a mencionar? Ninguna persona debe llevarse consigo los rencores, los enojos y las desilusiones que pasan durante el día cuando se va a dormir por la noche, ¡ya no digamos cuando han pasado varios años! Por favor olvídate de una vez de todos esos asuntos. Ahora iba al barco a despedirme de mis compañeros. ¿Por qué no regresas junto con nosotros? ¿Todavía tienes asuntos pendientes por aquí? El señor Shi está en su villa en este momento, justo la villa en la que vivo yo. Vamos juntos hacia allá, ya después saldré a despedirme.

—No es necesario, no es necesario. Tú ve a atender tus asuntos, yo puedo ir solo a buscarlo. Aún tengo un par de pendientes que atender. Me temo que no puedo regresar junto con ustedes; ya después lo explicaré todo.

—Entonces, deja que este hombre te guíe, ya no está muy lejos de aquí. Yo voy ahora al barco, después seguimos conversando. ¡Adiós!

Cuando Shangjie volvió de Tuhua, se quedó primero en casa del señor Shi, pues quería esperar a que Kewang regresara y pudieran así mudarse juntos de vuelta a su vieja casa, pero pasaron varios días y no hubo ni un rastro de Kewang. Sólo entonces se dio cuenta del sentido detrás de sus palabras cuando se despidió de ella en Tuhua. ¿A dónde se había ido? ¿A hacer qué? Pensaba en estas y otras preguntas cuando el señor Shi entró trayendo una carta en la mano, le dijo:

—Señora, no es necesario que esperes más a Kewang. Mañana o pasado múdate de vuelta a tu casa. Me ha enviado esta carta diciendo que te ha ofendido y te ha vejado de muchas formas, más todo ha sido causado por un intenso amor. Como él te ama, te ha lastimado. Ahora quiere corregir su perverso comportamiento del pasado, al igual que su áspero temperamento, además de que quiere resarcirte por todo el sufrimiento que te ha causado, por lo que no le queda otro remedio que separarse de tu lado temporalmente. Ahora se encuentra en la isla de Penang. El motivo por el cual no te ha escrito a ti directamente es que teme herir tus sentimientos, por lo tanto me ha escrito a mí, pidiéndome que te consuele; también dice que todas las propiedades ahora te pertenecen, él no debió usurparlas de aquel modo en primer lugar. Te pide que dispongas de ellas a tu voluntad hasta su regreso.

"En vista de esto, será mejor que te mudes primero de vuelta a casa. Yo mandaré a alguien a que lo traiga de regreso, ¿qué te parece? ¡Nunca me imaginé que fuera a arrepentirse y enmendar sus errores como ahora!

Shangjie siempre hacía frente a las cosas con serenidad.

Mientras escuchaba hablar al señor Shi, su semblante no mostró el más mínimo signo de exaltación, simplemente dijo:

—¿Por amor? ¿Me dejó por amor? Por supuesto, el amor es un hacha con muchísimo filo, que se usa más frecuentemente para deshacer la vida que para repararla. Ya que él ha decidido su propio sendero, ¿qué necesidad hay de perder el tiempo en irlo a buscar? Yo no tengo ideas ni planes preconcebidos, lidio con las cosas conforme me llegan.

El día en que Shangjie se mudó de vuelta, casualmente cayó una ligera lluvia, como si las flores y plantas del jardín se bañaran especialmente para recibir a su antigua dueña. Cuando entró por la puerta, la muchacha Tuo se encontraba limpiando la sala, en cuanto la vio comenzó a gritar:

—¡Señora! ¡Regresó! ¡La hemos extrañado mucho! Su cuarto está muy desordenado. Espere a que lo arregle antes de subir. Pase primero al jardín: todas las plantas y flores que plantó han crecido mucho. Aquel arbusto en la parte trasera ya está del tamaño de una sombrilla de bambú; también da muchos frutos, vaya usted a ver. La señora Shi llegó desde temprano con Peihe, están ahora mismo en el jardín.

Después de intercambiar algunas frases con la muchacha Tuo, se dirigió hacia el jardín. Al dar la vuelta vio en seguida a la señora Shi que estaba sentada junto con Peihe sobre la banca bajo la sombra de un árbol. Ese era justamente el lugar en el que años atrás se había sentado a conversar con la señora Shi, la noche en que fue apuñalada. Se acercó y se sentó junto a la señora Shi. La señora Shi hablaba sin parar, no hacía más que consolarla. Shangjie no creía que su suerte fuera tan mala, tampoco creía que la señora Shi pudiera satisfacerla de forma alguna empleando el argumento del destino. No obstante, de momento no se le ocurrían palabras adecuadas y amigables para hacerle entender a la señora Shi que su interior no albergaba preocupación alguna. De pronto alzó la mirada sin querer y vio como Peihe rompía con la rama de un árbol una buena parte de una telaraña que había sido tejida sobre una rosa. Meditó por un largo rato y al final llegó a una conclusión. Dijo:

—Ay, con esta metáfora entenderás perfectamente a que me refiero:

"Yo soy como una araña, la vida es mi telaraña. La araña se come a todos los insectos, sean venenosos o no, luego comienza a tejer su telaraña. Quién sabe hasta dónde vaya a llevar el viento a los primeros hilos que coloca, pero en cuanto se adhiere a alguna otra cosa, su telaraña ya está completa.

"No sabe cuándo se romperá aquella telaraña, ni tampoco cómo se romperá. En cuanto se rompe, se esconde con tranquilidad; cuando halla la oportunidad, comienza a tejer una nueva telaraña.

"La telaraña rota que queda sobre las ramas aún puede considerarse una telaraña. Cuando el Sol lanza sus rayos desde las alturas, refleja en los finísimos hilos los más diversos colores; a veces estos se mezclan con diminutas gotas de agua, se muestran resplandecientes y bellos.

"Con la gente y sus vidas, ¿qué acaso no pasa igual? Todas las telarañas han sido tejidas por alguien, ya sea que estén completas o rotas. Sólo hay que atender al orden natural de las cosas.

Cuando la señora Shi estaba por responder, llegó la muchacha Tuo a decir que el cuarto ya estaba listo y las invitó a que pasaran a ver. Por lo tanto, siguieron conversando mientras abandonaban el jardín.

El jardín se quedó sin gente y permaneció en silencio por un largo rato. Aquella araña de hace un momento salió con sigilo de entre las hojas, se acercó a la parte de la telaraña que había sido dañada y comenzó a remendarla paso a paso. ¿Y por qué la remendaba? Pues porque era una araña, ¡no tenía otra opción más que obrar así!

Chuntao[I]

El verano de ese año llegó especialmente caluroso. En la calle ya habían encendido los faroles, pero en los *hutong*[2] el vendedor de *suanmeitang*[3] seguía jugando con su tazón de cobre como si se tratara de una muchacha cantando *Li Hua Gu*[4]. Una mujer pasó por delante suyo, llevando a cuestas una gran canasta de papel reciclado. Aunque bajo el roto sombrero de paja no se le alcanzaba a ver bien el rostro, en el momento en que saludó al vendedor de *suanmeitang*, mostró su boca repleta de dientes blancos como la nieve. La carga era muy pesada, tanto que no podía enderezar la espalda; como si fuera un camello, cruzó la puerta de su hogar dando pasos lentos y soberbios.

Más allá del umbral había un pequeño patio. La mujer vivía en dos cuartos en ruinas que estaban a un costado. Gran parte del patio estaba cubierto de escombros. Frente a su puerta había un toldo donde crecían pepinos y algunas hileras de maíz. Bajo la ventana había también varias azucenas. Algunas vigas de madera algo podrida yacían horizontales bajo el toldo de pepinos: seguramente eran el asiento más preciado en toda la casa. En cuanto llegó a la puerta, un hombre salió del interior del cuarto y le ayudó a bajar al piso su carga.

—Esposa, hoy llegaste tarde.

La mujer lo miró fijamente y le dijo, atónita:

—¿Qué te pasa? ¿Ya te volviste loco? ¿Qué es eso de esposa? Te digo que no me llames esposa.

Mientras pasaba al interior del cuarto, se quitó el roto sombrero de paja y lo colgó detrás de la puerta. Tomó un tubo de bambú del lado de la tinaja de agua y lo sumergió varias veces para saciar su sed; bebía y trataba de recuperar el aliento. Se quedó un rato con la boca abierta;

I *Chuntao* es el nombre de la protagonista de esta historia y significa "durazno de primavera".

2 Los *hutong* son los callejones que forman el casco antiguo de la ciudad de Pekín.

3 Bebida tradicional china hecha a base de ciruela agria.

4 Estilo de ópera china proveniente de la provincia de Hunan.

luego caminó al toldo de pepinos, hizo la canasta a un lado y se sentó debajo del mismo, sobre las vigas podridas de madera.

Aquel hombre se llamaba Liu Xianggao. La mujer tenía más o menos la misma edad que él, alrededor de unos treinta, y también se apellidaba Liu[5]. Aparte de Xianggao, nadie más sabía que el nombre de aquella mujer era Chuntao. Los vecinos la llamaban la "hermana Liu recoge-papel" porque su oficio consistía en pasarse el día en la calle hurgando en los basureros. A veces también se ponía a gritar en el camino: "Se cambia papel viejo por cerillos". Desde el alba hasta el anochecer, bajo el sol abrazador o en medio del viento helado, andaba por las calles comiendo el polvo del camino. Sin embargo, desde su nacimiento siempre le gusto la pulcritud. Fuera verano o invierno, todos los días al volver a casa se aseaba y se lavaba la cara. El que le preparaba el agua era siempre Xianggao.

Xianggao era un graduado de una primaria rural. Cuatro años atrás, la guerra había invadido a su aldea y toda su familia se había dispersado. En el camino se encontró a Chuntao, quien huía de calamidades similares y anduvieron juntos por varios cientos de kilómetros; luego, se separaron.

Ella llegó a Pekín siguiendo a un grupo de gente. Como en los *hutong* siempre había alguna señora extranjera en busca de una muchacha del campo sin experiencia que sirviera de criada, muy pronto la recomendaron para un trabajo. A su patrona le pareció una muchacha muy bonita y en seguida le tomó aprecio. Chuntao veía que su patrona comía carne muy a menudo, que le untaba mantequilla al pan, que al té le agregaba leche y a la casa la inundaba siempre un olor desagradable al cual no se terminaba de acostumbrar. Un día la patrona la mandó a que llevara a los niños al zoológico. Chuntao se percató de que el olor de la casa de su patrona se parecía mucho al que salía de las jaulas de los animales. Esto la alteró aún más, así que no habían pasado dos meses cuando renunció a su trabajo. Como era una mujer del campo, no se habituaba a trabajar de criada en las casas de la ciudad. Además, no permitía que le gritaran, así que siempre

5 En los nombres chinos, el apellido se dice al principio.

que comenzaba un nuevo trabajo, lo abandonaba al poco tiempo. En medio de la pobreza, eligió ella misma el oficio de cambiar papel viejo por cerillos. En el día a día, a duras penas podía salir adelante.

La historia de Xianggao y Chuntao era en realidad muy simple. Él había ido a Zhuozhou en busca de su familia sin tener suerte. Een Zhuozhou tenía un par de conexiones que, cuando escucharon que venía huyendo de la guerra, se mostraron más que renuentes a darle asilo, de modo que no le quedó más que venir a Pekín. Por medio de un tercero fue que conoció al viejo Wu, quien vendía *suanmeitang* en los *hutong*. El viejo Wu lo dejó que se quedara en un cuarto del viejo y gastado patio en el que vivía él mismo, aclarándole que en caso de que alguien viniera a alquilarlo, tendría que buscarse otro lugar. No tenía trabajo, sólo le ayudaba al viejo Wu a hacer las cuentas y a vender su producto. Vivía y trabajaba de gratis; sólo se ganaba un par de comidas al día. Mientras tanto, el negocio de recoger papel de Chuntao comenzaba a florecer poco a poco. En el lugar en que vivía al inicio no la dejaban que apilara cosas en la entrada, así que se fue caminando a lo largo del muro de Desheng Men en busca de un lugar nuevo para vivir. En cuanto tocó la puerta se encontró con el rostro conocido de Xianggao. No le hizo falta pasar por demasiados trámites. El viejo Wu enseguida le alquiló el cuarto y Chuntao dejó que Xianggao se quedara para ayudarle con sus tareas cotidianas. Eso fue hace ya tres años. Como Xianggao podía leer algunos caracteres, le ayudaba a Chuntao a seleccionar de entre el papel viejo algunas piezas que se pudieran vender por algo de dinero, como alguna pintura o alguna carta o poema de la mano de algún general. Con ambos trabajando juntos el negocio, éste creció más rápido. Xianggao a veces también le enseñaba a leer algunos caracteres, pero sin mucho éxito, porque él mismo no conocía muchos.

Durante esos años que compartieron vivienda, si bien no vivían como una pareja de patos mandarines[6], podríamos decir que eran como una pequeña familia de gorriones.

Pero volvamos a nuestra historia. Chuntao entró en la

---

6 En China, la pareja de patos mandarines es una metáfora común para referirse a un par de enamorados.

habitación. Xianggao la seguía, cargando una cubeta de agua, y le dijo con voz alegre:

—¡Ándale, esposa! ¡Lávate rápido que ya tengo hambre! Hoy vamos a comer algo rico. Empanadas de cebolleta, ¿qué te parece? Si te parece bien, voy ahora mismo a comprar la salsa y las cebolletas.

—"Esposa, esposa" ¡Qué no me llames así!, ¿de acuerdo? —dijo Chuntao, irritada.

—Tú me prometiste que uno de estos días ibas a dejar que fuera al puente a comprarte un sombrero[7]. ¿No me estarás diciendo que has cambiado de opinión? —insistió Xianggao.

—No me gusta cuando me dices así.

Se dio cuenta de que Chuntao comenzaba a molestarse, así que cambió de tema con una pregunta:

—Bueno, ya dime, ¡¿qué quieres comer?!

—Te preparo lo que tú quieras. Anda, vete a comprar las cosas.

Xianggao volvió con varias cebolletas y un tarro de salsa de ajonjolí y los colocó sobre la mesa. Chuntao salió de bañarse. En la mano llevaba un papel sobre el cual estaban escritos varios caracteres.

—Este es otro de los dibujos de dragón con fénix de aquel viejo rey[8]. Esta vez ya no se lo des al viejo Li del mercado. Encárgale a alguien que lo lleve al Hotel de Pekín. Igual y ahí nos dan más dinero.

—Ese dibujo es nuestro. Si no, ¿cómo te convertiste en mi esposa? ¡Ya llevo un par de años enseñándote a leer y todavía no aprendes a reconocer ni tu nombre!

—¿Quién va a reconocer estos caracteres? Y ya no me digas esposa, que no me gusta. ¿Esto quién lo escribió?

—Fui yo. En la mañana vino el policía a hacer la inspección de *hukou*[9], dijo que en este par de días pasados se han puesto más

---

7 Tradición local en que el novio le compra a la novia un sombrero para formalizar el casamiento.

8 El dragón y el fénix son símbolos tradicionales chinos y se emplean como decoración en múltiples objetos y situaciones. En este caso, se habla específicamente de un acta de matrimonio.

9 *Hukou* es el sistema de registro de población que se utiliza hasta la fecha en Pekín.

estrictos, que hay que declarar exactamente cuanta gente vive en cada casa. El viejo Wu dijo que nos anotáramos como un matrimonio para evitarnos problemas. El policía también dijo que no quedaba muy bien anotar que un hombre y una mujer eran solamente compañeros de casa. Así que tomé esta acta que no vendimos la vez pasada y la llené. Puse que nos casamos en 1931.

—¿Qué? ¿1931? ¿Yo cuándo me case contigo en 1931? No estés de necio, nosotros nunca nos casamos, no hicimos las reverencias ante el cielo, no bebimos el vino de bodas, no puede considerarse que seamos una pareja.

Chuntao estaba en desacuerdo, pero hablaba con serenidad. Se puso unos pantalones azules. La parte superior de su vestimenta era blanca, y aunque llevaba puesto poco maquillaje, su rostro mostraba un esplendor y una belleza naturales. Si estuviera dispuesta a casarse, cualquier casamentera diría que una joven viuda como ella, de unos treinta y tres o treinta y cuatro años, valía por lo menos alrededor de ciento ochenta *guan*[10].

Se rio mientras enrollaba el acta de matrimonio y dijo:

—No estés de necio. ¡Qué acta de bodas ni que nada! Vamos a comer las empanadas de cebolleta.

Levantó la tapa de la estufa y metió el rollo de papel al fuego, luego se fue a la mesa a preparar la masa.

—Si lo vas a quemar, quémalo. De todos modos, el policía ya anotó que estamos casados. Si después viene un oficial a inspeccionar, ¿acaso no puedo decir que perdimos el acta cuando huíamos de la guerra? A partir de hoy te voy a decir esposa. El viejo Wu ya lo aceptó, el policía ya lo aceptó, aunque a ti no te parezca de todos modos así te voy a decir. ¡Esposa! ¡Esposa! Mañana mismo te compro el sombrero porque para el anillo no me alcanza.

—Si me vuelves a decir así, me voy a enojar de verdad.

—Parece que todavía extrañas a Li Mao.

La expresión de Xianggao no se mostraba tan alegre como hace un momento. Lo dijo como para sí mismo; tal vez no pretendía

10 Unidad de medida que consistía en una hilera de monedas de cobre.

que Chuntao escuchara, pero ella ya lo había escuchado.

—¿Extrañarlo? Fuimos esposos de una sola noche. Hace cuatro o cinco años que no tengo noticias de él, ¿acaso extrañarlo no sería extrañarlo en vano? —dijo Chuntao.

Ella le había contado a Xianggao sobre su primer casamiento: el coche de bodas acababa de cruzar la puerta, los invitados aún no se habían ni sentado cuando de pronto llegaron dos hombres de la aldea diciendo que los soldados ya habían llegado y que estaban agarrando gente y cavando trincheras por todos lados. Todo el mundo se asustó y comenzó a correr. La pareja de novios también recogió sus cosas en un apuro y huyó junto con la multitud rumbo al oeste. Anduvieron juntos un día y una noche. Al día siguiente se escuchó a alguien gritar: "¡Ahí vienen los bandidos! ¡Todos escóndanse rápido!". En ese momento sólo quedaba esconderse. Fue imposible que nadie cuidara de nadie. Al amanecer habían desaparecido más de diez personas, incluido Li Mao, su esposo. Chuntao continuó hablando:

—Yo creo que seguramente se fue con los bandidos. Tal vez hace mucho que lo mataron. Ya es suficiente, ya no hablemos de él.

Terminó de preparar las empanadas y las llevo hasta la mesa. Vertió un poco de sopa de pepino en el tazón de Xianggao. Ambos comieron en silencio. Al terminar, se sentaron como siempre bajo el toldo de pepinos a platicar. La luz de las estrellas brillaba por entre las hojas de pepino. El viento fresco atrajo a las luciérnagas hasta el toldo, como si fueran estrellas que caían ligeras. Las azucenas también comenzaron a inundar lentamente el ambiente con su aroma.

—¡Qué bonito huelen las azucenas!

Xianggao desprendió una y se la puso en el pelo a Chuntao.

—No destruyas mis azucenas. Además, sólo las prostitutas andan de noche con flores en el pelo.

Se la quitó de la cabeza, la olió y la puso sobre la viga.

—¿Por qué llegaste tarde hoy? —preguntó Xianggao.

—¡Ah! ¡Hoy hice un buen negocio! Por la tarde iba de vuelta a casa cuando vi a un barrendero que empujaba un carro lleno de papel viejo. Me dijo que lo había sacado de la zona de Shengwu Men. Vi que entre el montón había mucho papel rojo y amarillo. Le pregunté si lo vendía, me dijo que si lo quería le diera un poco de dinero y me lo llevara. Mira —señaló la canasta bajo la ventana—. ¡Compré toda esa canasta por un *kuai*[11]! Ya mañana veremos si fue un buen negocio.

—Lo que sale de los templos siempre tiene valor, a mí lo que me preocupa es lo que sale de las escuelas y de los bancos extranjeros. Luego es muy pesado o huele mal y no te dan mucho dinero a cambio. Uno nunca está seguro.

—Últimamente se usa mucho el periódico extranjero para envolver cosas. Quién sabe de dónde sale toda esa gente que lee periódicos extranjeros. Recogerlo no es buen negocio. Es muy pesado y no se vende bien.

—Como cada vez hay más gente que lee libros extranjeros, ya todos quieren leer también periódicos extranjeros y, en el futuro, mezclarse en asuntos extranjeros.

—Ellos se mezclan en asuntos extranjeros y nosotros recogemos papel extranjero.

—Después me temo que ya todo estará escrito en un idioma extranjero. Los coches también serán extranjeros, los burros también serán extranjeros... ¡Ya hasta los camellos serán extranjeros!

Xianggao hizo reír a Chuntao[12].

—Ya no digamos los demás. Sí tú tuvieras dinero, también querrías leer libros extranjeros y hasta tener un esposa extranjera.

—Dios sabe que yo no me he de volver rico y aunque me volviera rico no me casaría con una extranjera. Si yo tuviera dinero, regresaría a la aldea y compraría un terreno grande donde pudiéramos vivir y cultivar en paz.

Desde que Chuntao huyera de la guerra y perdiera en el proceso a su esposo, siempre que escuchaba la palabra "aldea" se sentía incómoda.

—¿Tú aún quieres regresar? Allá ya no tenemos tierras ni

---

11 RMB

12 Durante la primera mitad del s. XX en China, se agregaba el prefijo *yang* al hablar de productos importados (cerillos, periódicos, libros...), indicando así que no eran originarios de ese país. En esta parte, Xianggao juega con las palabras agregando el mismo sufijo a palabras que no lo llevan normalmente (burros, camellos...), logrando un efecto cómico.

patrimonio. Allá no hay nada que comer. Nosotros ya no volvemos.

—Yo digo regresar a nuestra aldea en el distrito Jin.

—Este año todas las aldeas están igual. Si no las tomaron los soldados, las han invadido los ladrones o bien, los japoneses. ¿Quién se atreve a regresar? Es mejor quedarse aquí recogiendo papel. Ahora sólo nos hace falta un ayudante. Si pudiéramos conseguir a alguien que se quedara en casa a hacer los quehaceres, entonces podrías salirte durante el día a poner un puesto y vender lo que recogemos, en lugar de dárselo a vender a alguien. ¡No perderíamos dinero!

—Todavía tengo que aprender por tres años más antes de poder vender bien. Si perdemos dinero no es culpa de los demás, es culpa mía porque me ha faltado visión. En estos últimos meses he aprendido mucho. Ya más o menos sé reconocer cuales estampillas valen la pena y cuáles no. También sé diferenciar las cartas de personajes importantes, sé calcular cuáles pueden valer algo de dinero y cuáles no. Hace un par de días separé del montón de papeles unas palabras escritas por Kang Youwei[13], ¡adivina en cuánto las vendí hoy! —extendió felizmente el pulgar y el índice[14] —¡En ocho *mao*[15]!

—¡No me digas! Si todos los días pudiéramos encontrar papeles de ocho *mao* nos iría bastante bien. ¿Acaso nos haría falta regresarnos a la aldea? ¿No sería eso buscarnos problemas nosotros mismos? —la voz alegre de Chuntao sonaba como el canto de una oropéndola en mitad de la primavera—. Quién sabe, a lo mejor en este montón que recogí hoy también puedes encontrar cosas de valor. Escuché por ahí que mañana también habrá cosas buenas. Aquel hombre me dijo que llegara temprano y lo esperara. En estos días están mudado hacia el sur todas las cosas del templo. Mucho del papel ya no les sirve y lo tiran. Hoy vi que afuera de Donghua Men también había mucho. Lo sacaban en bolsas que las tiraban sin parar. Mañana también ve tú a preguntar.

---

13 Académico y reformista social chino.

14 En china el número ocho se representa extendiendo el dedo pulgar y el dedo índice en forma de escuadra.

15 Unidad de medida que se emplea hasta la fecha en China, equivalente a diez centavos de un RMB. También se le llama *jiao*.

Hablaron tanto que sin darse cuenta les dieron las diez de la noche. Chuntao se puso de pie y se estiró al tiempo que decía:

—Hoy estoy muy cansada, ¡vámonos a descansar!

Xianggao entró con ella a la habitación. Bajo la ventana, estaba la cama de ladrillo[16] en la cual cabían dos o tres personas. Bajo la tenue luz de la lámpara, observó la pared en medio de la penumbra: de un lado estaba pegada la pintura de los Ocho Inmortales[17] y del otro había un anuncio de cigarros con el eslogan "Mejor él". Cuando se quitaba el sombrero, a la figura de Chuntao no hacía falta vestirla con un atuendo de Rui Fu Xiang o de alguna otra sastrería de Shanghai, bastaría con ponerle un qipao[18] pasado de moda de los que venden en el puente y sentarla en alguna pradera para que en seguida se asemejara a aquella modelo del anuncio de cigarros. Por eso Xianggao le decía a menudo que lo que estaba pegado en la pared era un pequeño retrato suyo.

Chuntao se acostó en la cama de ladrillo, se quitó la ropa, acomodó la sábana y se recostó encima. Xianggao le masajeó la espalda y los pies como de costumbre. Su cansancio cotidiano se convertía así en una calmada sonrisa. Bajo el resplandor de la lámpara, se iba sosegando poco a poco. Cuando ya se había quedado medio dormida, dijo murmurando:

—Hermano Xiang, ya duérmete tú también. No te desveles, mañana hay que levantarse temprano.

Aquella mujer empezó ligeramente a roncar y Xianggao apagó las luces.

Al llegar el alba, el hombre y la mujer salieron a atender cada quien sus asuntos, cual dos cuervos que dejan el nido en busca de alimento.

Apenas habían sonado los tiros del mediodía[19] cuando los tambores de Shicha Hai ya inundaban el aire de ruido. Chuntao salió

16 La cama de ladrillo o *kang*, es una plataforma multiusos característica de las casas del norte de China, bajo la cual puede meterse carbón encendido para calentarla durante el invierno.

17 Referencia taoista.

18 Vestido tradicional chino, de origen manchú.

19 En el pasado, en algunas ciudades de China se soltaban tiros al mediodía como recordatorio del tiempo.

de detrás de una puerta, llevando la canasta a cuestas, con dirección al puente de Xibuya. Cuando iba pasando por la intersección cercana al mercado, escuchó de pronto la voz de alguien que la llamaba:

—¡Chuntao! ¡Chuntao!

Sólo Xianggao la llamaba por su nombre de pila y ni siquiera tan a menudo. Desde que dejara su aldea cuatro o cinco años atrás, no había nadie que la llamara de esta forma.

—¡Chuntao! ¡Chuntao! ¡¿Ya no te acuerdas de mí?!

No pudo evitar volver la cabeza, mas sólo vio sentado a un pordiosero. Aquella voz lastimera provenía justamente de su boca repleta de barba. No se podía poner de pie porque había perdido ambas piernas. Traía puesta una vieja casaca militar gris y rota, que tenía los botones oxidados y agujeros en las mangas que dejaban los hombros al descubierto. En la cabeza portaba de lado un irreconocible sombrero militar cuya insignia ya no se alcanzaba a ver bien.

Chuntao se quedó mirándolo sin hacer un solo ruido.

—¡Chuntao! ¡Soy Li Mao!

Dio dos pasos hacia delante. Las lágrimas de aquel hombre ya se habían mezclado con la mugre de su rostro, penetrando su barba enmarañada. El corazón se le aceleró, pero se quedó un buen rato sin poder decir palabra alguna. Finalmente, dijo:

—¡Li Mao! ¿Ahora eres pordiosero? ¿Cómo es que has perdido tus dos piernas?

—¡Ay! Es una larga historia. No sé ni por dónde empezar. ¿Y tú? ¿Qué es lo que vendes aquí?

—¡Qué voy a vender! Recojo papel reciclado… Vamos de vuelta a casa y allá seguimos hablando.

Alquiló uno de esos coches extranjeros. Le ayudó a Li Mao a subir y subió también la canasta. Luego ella misma empujó el coche desde atrás. Al llegar al muro de Desheng Men, el chofer le ayudó a bajar a Li Mao. Al llegar a la entrada del *hutong*, el viejo Wu comentó mientras hacía sonar su tazón de cobre:

—Hermana Liu, hoy regresaste temprano, ¿¡vendiste mucho!?

—Vino un pariente de mi aldea —respondió ella, en una oración.

Li Mao parecía un pequeño oso negro. Apoyaba ambas manos contra el piso para ayudar a desplazarse. Chuntao sacó las llaves del bolsillo y abrió la puerta, invitándolo a pasar. Tomó prestadas algunas de las ropas de Xianggao, acarreó dos cubetas de agua desde el pozo hasta la casa y las vacío en la tina para prepararle un baño, tal como Xianggao lo hacía para ella todos los días. Después de que Li Mao se bañara, volvió a llenar la tina para que se lavara la cara. Después lo llevo a que se sentara sobre la cama de ladrillo. Ella también tomó un baño en el cuarto contiguo.

—Chuntao, tienes el cuarto muy bien arreglado, ¿vives tú sola?

—También vive aquí un muchacho —respondió Chuntao sin vacilar.

—¿Ahora te dedicas al comercio?

—¿No te acabo de decir que recojo papel reciclado?

—¿Recoges papel? ¿Y cuánto sacas al día?

—Por ahora no me hagas preguntas. Primero cuéntame tú historia.

Chuntao tiró el agua en el patio, entró en la habitación peinándose y se sentó frente a Li Mao.

Li Mao comenzó a contar su historia:

—Ay, Chuntao, ¡si te la cuento toda nunca termino! Te voy a hacer un resumen:

"Aquella noche en que me secuestraron los bandidos, como me alejaron de ti los comencé a odiar, les robé una de sus armas y maté a dos de ellos. Después me di a la fuga. Llegue huyendo hasta Shenyang, en donde por causalidad estaban reclutando guardias para la frontera, así que me alisté. Estuve en las filas del ejército por tres años, preguntaba a todas horas acerca de nuestra casa, pero todo el mundo decía que nuestra aldea había sido reducida a escombros. Nuestras propiedades quién sabe en manos de quién habrán caído. Por lo tanto, durante esos años nunca pedí ausentarme para volver de visita a la aldea. Si en el ejército pides ausentarte, te quitan el poco sueldo que te pagan.

"Me resigné a ser soldado, a esperar el sueldo de cada mes.

Incluso me ascendieron de rango, eso era más de lo que yo me esperaba. Debe ser que mi destino ya estaba escrito: el año pasado, nuestro general dio una orden repentina. Dijo que si en el escuadrón había un soldado que pudiera dispararle al mismo blanco nueve veces seguidas, nos duplicaría el sueldo de cada mes. Dentro del escuadrón no hubo un solo soldado que diera al blanco siquiera cuatro veces seguidas. Tiraban y tiraban y seguían fallando. Yo acerté una vez tras otra, no sólo nueve veces, sino que la bala restante también la disparé y di al blanco. En cada tiro, hacía alarde de mis habilidades. Disparaba con la cara volteada, doblaba la cintura, bajaba la cabeza hacía el piso, me sacaba la pistola del pantalón... Una a una, disparé todas las balas, dando siempre justo en el blanco. Me sentí muy feliz en aquel momento.

"Entonces el general me mandó llamar. Yo ya me estaba preparando para escuchar elogios y palabras de aliento, pero para mi sorpresa, el bastardo me hizo una mueca desagradable y me acusó de ser un bandido. ¡Dijo que me iban a fusilar! Dijo que nadie que no fuera bandido tenía un tiro tan certero. Mi sargento y mi capitán intercedieron ambos en mi favor, le aseguraron que yo no era ningún maleante. Después de mucho trabajo, lograron convencerlo de que no me fusilaran, pero me expulsaron del ejército. No permitieron que sirviera ni como soldado de reserva. Me dijeron que si servía de oficial en el ejército me iba a ser muy difícil no provocarle envidia a algunos de mis compañeros y en caso de que en una batalla me pusieran en la línea frontal y hubiera un soldado con una puntería igual de buena que la mía atrás de mí, un solo tiro bastaría. Aunque también podría inventarse que morí en combate, la verdad no valía la pena morir a manos de un enemigo personal. Nadie tuvo nada más que decirme. Sólo me recomendaron que abandonara el ejército y que me buscara otro oficio.

"Poco después de que me expulsaran, los japoneses llagaron a invadir Shenyang; escuché que ese perro del general fue de los primeros que ordenó a su ejército que se rindiera. Cuando oí esto, me puse furibundo y pensé en formas de a hallar a ese vasallo. Me uní al ejército voluntario. Combatimos varios meses cerca de la ciudad de Haicheng, al tiempo que nos retirábamos hacía el paso Guanli. Durante los primeros meses, luchábamos al noreste de Ping Gu. Al hacer mis rondas, me encontré con las tropas enemigas. Me hirieron las piernas pero aún podía caminar, así que me escondí detrás de unas rocas y desde ahí me puse a disparar, matando a varios. Cuando ya no soportaba más, dejé caer mi arma sobre el suelo y me tendí sobre un pedazo de campo que había al lado del camino. Esperé durante un día, dos días, sin que llegaran ni los de la Cruz Roja ni los de la esvástica. Las heridas se me inflamaban cada vez más, no podía moverme y tampoco tenía comida ni agua, sólo me restaba quedarme tendido esperando la muerte. Pero luego, por fortuna, pasó un camión. Los que venían en él me ayudaron a subirme, me llevaron hasta un campamento militar con asistencia médica. Ahí ni siquiera me miraron, tan sólo me subieron a otro camión y me llevaron directo al hospital. Mis heridas ya tenían más de tres días. En cuanto el doctor las vio, dijo que mis piernas ya se habían gangrenado, que era preciso amputarlas. Estuve en hospital por más de un mes y al final me recuperé, pero perdí ambas piernas. No tenía ni un amigo en el mundo ytampoco podía volver a la aldea; aunque pudiera, si ya no tenía piernas, ¿cómo iba a cultivar la tierra? Les pedí a los del hospital que me dieran asilo, que me ocuparan en algo, pero el doctor me dijo que el hospital era para tratar enfermos, no para dar albergue y dar trabajo. Aquí tampoco hay un asilo para veteranos lisiados, de modo que no me quedó otro remedio más que comenzar a mendigar. Hoy es apenas el tercer día. Este par de días he estado pensando que si continuo de esta forma, no podré aguantar mucho más, me tendré que colgar.

Chuntao lo escuchaba con toda su atención. Los ojos quién sabe en qué momento se le humedecieron. Permanecía en silencio. Li Mao se limpió el sudor de la frente con la mano y descansó un poco.

—Chuntao, estos últimos años, en este pequeño lugar, aunque no es tan amplio como nuestra aldea, parece que no has sufrido demasiado.

—¿Quién no sufre en esta vida? Aunque uno sufra hay que encontrar la manera de seguir viviendo. Frente al palacio del Rey Yama[20], ¿acaso no se ven sonrisas? Estos últimos años yo me la he

20 Señor de la muerte y guardián del inframundo.

vivido cambiando papel viejo por cerillos. Aparte tengo un socio que también se apellida Liu. Él y yo, se podría decir que compartimos todo, salimos adelante como podemos.

—¿Tú y ese hombre de apellido Liu viven juntos aquí?

—Sí, dormimos juntos en esa cama de ladrillo.

Chuntao no vacilaba en lo más mínimo, como si se hubiera decidido desde el principio.

—Entonces, ¿ya te casaste con él?

—No, sólo vivimos juntos.

—Entonces, ¿hasta ahora sigues siendo mi esposa?

—No, yo no soy la esposa de nadie.

El instinto de marido de Li Mao se alebrestó. No podía pensar en nada que decir. Tenía la mirada clavada en el suelo, claro que no porque estuviera mirando algo en especial, sino más bien porque no se atrevía a mirar a su esposa. Al fin mascullo una frase:

—Con que es así. La gente se va burlar de mí. Dirán que soy un *tortugón*[21].

—¿Un *tortugón*? —Chuntao hizo una suerte de mueca al escucharlo decir esto. Luego continuó—. Sólo los hombres que tienen dinero y autoridad temen ser *tortugones*. A ti ni quién te conozca. Si vives o mueres, nadie se va a dar cuenta. ¿Qué más da que seas un *tortugón* o no? Yo ahora vivo por mí misma. Lo que yo haga o deje de hacer, no te tiene porqué afectarte a ti.

—A final de cuentas, nosotros seguimos siendo una pareja de esposos. Como dice el refrán: "Esposos por una noche, cien días de bendiciones".

—Bendiciones o no bendiciones, eso yo no lo sé —lo interrumpió Chuntao—. Aunque fueran cien días, ya han pasado muchos más. Durante más de cuatro años, nunca supimos nada del otro. Yo creo que tú tampoco te imaginabas que me ibas a encontrar aquí. Yo en este lugar me conseguí un modo de vida. Además hallé a una persona que me ayudara. Los dos hemos vivido juntos aquí durante estos años. Si de lo que hablamos es de cariño, mira que el

21 Se le llamaba "tortugón" al hombre a quién su mujer le era infiel.

que te tengo a ti es mucho menor. Si hoy te traje a mi casa es por la amistad que hubo un día entre nuestros padres y porque ambos seguimos siendo compañeros de aldea. Aunque tú digas que soy tu esposa, yo no te reconozco como tal. Si quieres demándame, tampoco significa que vayas a ganar.

Li Mao comenzó a hurgarse en los bolsillos como si fuera a sacar algo, pero sus manos se detuvieron de pronto. Se le quedó viendo a Chuntao y al final volvió a apoyar las manos sobre el tapete; estaba sin palabras. Chuntao lloraba. Mientras tanto, el Sol seguía desplazándose con lentitud.

—Está bien, Chuntao, será como tú digas. Mírame ahora, me he quedado lisiado. Aunque quisieras estar conmigo, tampoco podría mantenerte —dijo al final Li Mao con sabiduría.

—No te puedo rechazar sólo porque estés lisiado, pero tampoco tengo corazón para perderlo a él. ¿Por qué no vivimos todos juntos sin ponernos a pensar quién mantiene a quién? ¿Te parece? —dijo Chuntao de todo corazón.

Del estómago de Li Mao se escuchó un ligero rugido.

—¡Oh! ¡Tanto hemos hablado y ni siquiera te pregunté si querías comer algo! Debes tener mucha hambre.

—Me da igual: me como lo que tengas. No he comido desde ayer en la noche. Sólo he tomado agua.

—Voy a comprar algo.

Justo cuando Chuntao cruzaba la puerta, Xianggao venía caminando alegremente por el patio. Chocaron de frente bajo el toldo de pepinos:

—¿Por qué tan contenta? ¿Por qué regresaste tan temprano? ¡Hoy hice un buen negocio! En la mañana me puse a revisar la canasta que trajiste ayer. Adentro había una bolsa de memoriales escritos al emperador Gaoli de la dinastía Ming. Cada uno vale por lo menos cincuenta *kuai*. ¡En este momento tenemos diez en nuestras manos! Le acabo de dar algunos al mercader para que se los enseñe a su patrón. Dependiendo de cuanto nos den, vemos si les mandamos el resto. Además, adentro también había dos papeles con el sello imperial del Palacio de Duanming. El mercader dice que son de la dinastía Song. En cuanto los vio, me ofreció sesenta *kuai*, pero no me atreví a vendérselos porque me dio miedo malbaratarlos. Te los traje primero a ti para que los veas. Mira... —al tiempo que le decía esto, abrió su vieja mochila de mezclilla y sacó los memoriales y los papeles—. Este es el sello del Palacio de Duanming —señaló con el dedo el estampado sobre el papel—. Si no fuera por el sello, en verdad que no les vería nada valioso. Hasta los periódicos extranjeros son más blancos. ¿Cómo es que los señores que administran el templo puedan ser tan poco conocedores como yo? —aunque Chuntao observaba aquellos papeles no les hallaba el valor por ningún lado—. ¿Conocedores? Si fueran conocedores, ¿acaso los podríamos vender a un *kuai* y algunos *mao* cada uno? —Xianggao tomó los papeles y los guardó junto con los memoriales en la mochila—. Te digo, esposa...

Chuntao lo miró de reojo y le dijo:

—Ya te pedí que no me llames esposa.

Xianggao respondió sin hacerle caso:

—Qué causalidad que hoy tú también regresaste temprano. También habrás hecho un buen negocio...

—En la mañana vendí una canasta como la de ayer.

—¿No me dijiste que había muchas?

—¡Se las llevaron todas al mercado matutino y se las vendieron a los comerciantes de maní!

—No te preocupes, de todos modos hoy hemos sido bendecidos. Es la primera vez que hago un negocio por treinta *kuai*. Como no es muy común que ambos volvamos a casa tan temprano, propongo que vayamos a tomar un paseo por el lago Shicha Hai, ¿qué te parece?

Xianggao entró en la habitación y puso su mochila sobre la mesa. Chuntao entró junto con él. Le dijo:

—Hoy no se puede porque ha venido alguien —abrió las cortinas y le hizo una seña con la cabeza—. Entra.

Xianggao entró; Chuntao lo seguía.

—Éste es mi primer marido —dijo Chuntao a Xianggao y procedió a presentárselo a Li Mao—. Este es mi compañero actual.

Dos hombres, cuatro ojos enfrentándose; si sus pupilas

guardaran la misma proporción, sus miradas se hubieran conectado formando dos líneas perfectamente paralelas. Ninguno decía palabra alguna, ni siquiera las dos moscas posadas sobre el marco de la ventana hacían ruido alguno. El Sol de la tarde continuaba su descenso.

—Disculpe, ¿cuál es su nombre?

Xianggao lo sabía muy bien, pero aun así debía preguntar de acuerdo a la costumbre. Ambos comenzaron a charlar.

—Voy a comprar algo de comer —Chuntao se dirigió a Xianggao—. Se me hace que tú tampoco has comido. ¿Qué te parecen unas tortas de ajonjolí?

—Yo ya comí. Tú quédate aquí, yo voy por ellas.

La mujer jaló a Xianggao y lo obligó a sentarse en la cama de ladrillo. Dijo:

—Tú quédate aquí a hacerle compañía a nuestro invitado.

Le dirigió una sonrisa y salió de la habitación. En el cuarto quedaron los dos hombres. Bajo circunstancias como esas, si no lograban llevarse bien desde el principio, tendrían que terminar en un duelo a muerte. Por suerte, optaron por lo primero. Pero no pensemos que porque Li Mao no tenía piernas, no podía pelear. Hay que recordar que Xianggao se había pasado cuatro o cinco años yendo a la escuela; Li Mao lo hubiera podido someter con su peso y matarlo fácilmente. Si hubiera un arma, sería aún más expedito: con sólo mover un dedo, Xianggao no tendría escapatoria.

Li Mao le dijo a Xianggao que el padre de Chuntao era un hombre rico en su aldea y que poseía un *qing*[22] de tierra. El padre de Li Mao trabajaba para él, cultivando la tierra y acarreando a los burros. Como Li Mao tenía muy buena puntería, el padre de Chuntao temía que se volviera soldado, así que le ofreció a su hija en matrimonio para que, a cambio, cuidara a la gente de la aldea. Chuntao nunca se lo había contado a Xianggao. Li Mao le dijo entonces todo lo que Chuntao le había dicho antes de que él llegara. Poco a poco fueron llegando a la cuestión que les concernía a ambos.

—Ustedes son los que en verdad están casados. Por supuesto

22 Unidad de medida equivalente a 6.6 hectáreas.

que soy yo el que debe de irse —dijo Xianggao con bastante reticencia.

—No, yo hace mucho que me fui. Además ahora he quedado lisiado, no la puedo mantener, no tiene caso que se quede conmigo. Ustedes han vivido juntos durante estos años, ¿por qué arruinarlo? Yo puedo irme a un asilo de lisiados. Escuché que por aquí hay. Sólo hará falta un poco de compasión para que me dejen entrar.

Esto sorprendió enormemente a Xianggao. Aunque sabía Li Mao era un gran militar, nunca se imaginó que fuera también un gran caballero. Aunque en el fondo quería aceptar, no podía acceder con sus palabras. Es esa la astucia de los modales, cualquier hombre que haya estudiado lo sabe.

—Pero de ninguna manera —dijo Xianggao—. Eso me convertiría en un hombre que le ha robado su esposa a otro hombre y yo no puedo aceptar eso. Yo creo que tú tampoco estarás de acuerdo en que tu esposa viva con otro hombre.

—Puedo firmarle a ella un acta de divorcio o bien, un acuerdo contigo. Puede ser de cualquier manera —dijo Li Mao mostrando una sincera sonrisa.

—¿Divorcio? Ella no cometió ningún error. No te puedes divorciar de ella. No puedo aceptar que la hagas pasar vergüenzas. ¿Comprártela? ¿De dónde voy a sacar dinero para comprártela? Todo mi dinero es de ella.

—No quiero dinero

—Entonces, ¿qué quieres?

—No quiero nada

—¿Y entonces para qué tengo que firmar un acuerdo de compra-venta?

—Porque siempre es necesario poner las cosas en papel, para evitar malentendidos y arrepentimientos futuros.

Justo en ese momento, Chuntao regresó de comprar las tortas. Al ver que los dos conversaban amigablemente se sintió muy feliz.

—Justo hace un par de días que he estado pensando en buscar otra persona para que nos ayude. ¡Qué bien que ahora ha llegado el hermano Mao! Como no puede caminar, puede quedarse en casa a hacer el quehacer y a acomodar el papel. Tú puedes salir a vender. Yo seguiré recogiendo en la calle. Entre los tres pondremos una empresa.

Chuntao ya tenía hecho su plan.

Li Mao no dijo nada. Tomó la torta y se la metió en la boca. Parecía como si recién hubiera llegado del país de los hambrientos. No tenía tiempo de hablar.

—Dos hombres, una mujer, ¿iniciar una empresa? ¿Tú pondrás el capital? —dijo Xianggao expresando una duda innecesaria.

—¿No estás de acuerdo? —preguntó la mujer.

—No, no, no, eso no fue lo que dije.

Xianggao quería decir algo, pero no le salían las palabras.

—¿Yo qué puedo hacer? ¿Qué voy a hacer todo el día sentado en la casa?

Li Mao tampoco se atrevía del todo a expresar su aprobación. Entendía a qué se refería Xianggao.

—Ustedes no se preocupen, tengo un plan.

Al escuchar esto, Xianggao se pasó la lengua por los labios y tragó saliva. Li Mao seguía comiendo, con la mirada clavada en Chuntao, esperando escuchar su plan.

Recoger papel era más o menos un oficio de mujeres. Chuntao estaba convencida de que Li Mao podía quedarse en casa separando las estampillas y las imágenes de las cajetillas de cigarros, eso cualquiera que tuviera manos y ojos lo podía hacer. Hizo las cuentas: si cada día podía encontrar entre el papel viejo, ciento y tantas imágenes de cajetillas de cigarro, con eso se compensaban cada mes los gastos de la comida de Li Mao; si cada día podía encontrar dos o tres estampillas de las buenas, de las que no se veían a menudo, tampoco estaría nada mal. En la ciudad se vendían alrededor de diez mil paquetes de cigarros al día. Del papel que sobraba de los paquetes, a ella le daban la centésima parte para que se lo llevara; tampoco era tan difícil. En cuanto a Xianggao, le dejaría el trabajo de escoger las cartas de personajes famosos, o cualquier otra cosa que pudiera tener algún valor. Él ya era un experto en su oficio, no necesitaba de la guía de nadie. El trabajo que ella hacía, a excepción de que cayera un aguacero, lo hacía siempre, por fuerte que fuera el viento o por más insoportable que fuera el calor. Justo cuando no hacía buen tiempo era cuando más ganas de salir a trabajar le daban, pues sabía que habría poca competencia.

Miraba el Sol desde la ventana, sabía que aún no daban las dos. Salió a la salita, colgó su roto sombrero de paja detrás de la puerta como siempre, asomó la cabeza a la alcoba y le dijo a Xianggao:

—Todavía tengo que ir al templo a preguntar si van a sacar más cosas. Quédate aquí con él, en la noche cuando regrese seguimos hablando.

Xianggao no pudo detenerla, así que la dejó ir.

La luz y la oscuridad de varios días pasaron en silencio, pero el que dos hombres y una mujer durmieran juntos en la misma cama de ladrillo definitivamente no era muy agradable. Al fin y al cabo, las sociedades poliándricas no son muy extendidas. Una de las razones es que la gente común no es capaz de liberarse del pensamiento patriarcal y machista. A partir de dicho pensamiento se construye la moral, los valores y las costumbres. Para ser honestos, en esta sociedad, sólo a aquellos que se apoyan en los demás o que roban a los demás se les considera individuos apegados a las normas sociales; en cuanto a los que se mantienen por ellos mismos, la verdad es que les tienen sin cuidado este tipo de cosas. Así como Chuntao: ella no era dama pero tampoco era prostituta; nunca la invitarían a un gran baile en una embajada, ni sería el personaje central de ninguna ceremonia. No había quién la criticara ni le preguntara cómo vivía y, aunque hubiera, no le traería dolor ni pena. Solamente la policía la vigilaba, pero la policía era persuadida con mucha facilidad. ¿Y ambos hombres? Xianggao en verdad había estudiado un poco, entendía un poco de confucianismo, pero aparte del pequeño estatus que eso le daba, era igual que Chuntao. Las palabras de Chuntao eran como vitaminas que entraban por sus oídos; debía escucharlas porqué eran buenas para él. Chuntao le dijo que no debía estar celoso y él destruyo hasta el más mínimo rastro de celos. ¿Y Li Mao? Si Chuntao y Xianggao le daban posada sólo una noche, él se quedaría sólo una noche; si decidían aceptarlo como parte de la familia, esto lo haría muy feliz. Era común entre los soldados perder una o dos esposas, eso no era para alarmarse, el problema era qué tipo de estatus tendría Li Mao en aquella casa.

Aunque Xianggao no albergaba celos, entre ambos hombres había un constante desasosiego.

El calor del verano aún no disminuía. Chuntao y Xianggao no eran personas que fueran a Tangshan o a Bei Daihe[23], ellos tenían que seguir saliendo en medio del sol a ganarse el pan. Li Mao se quedaba en casa. Como era nuevo en el oficio, aunque ya sabía distinguir qué papeles tenían que ser enviados al Templo de Wanliu o al Monasterio de Tianning, de todos modos tenía que esperar a que llegara Xianggao y les diera el visto bueno.

Chuntao volvió a casa, Xianggao la atendió como siempre. Ya era bastante tarde. Chuntao notó el olor del incienso para mosquitos y le dijo a Xianggao, quien se encontraba sentado bajo el toldo de pepinos:

—Hay que tener cuidado cuando encendamos el incienso para mosquitos o vamos a quemar toda la casa.

Xianggao aún no había respondido cuando Li Mao dijo:

—Ese incienso no es para los mosquitos, es para deshacerse del olor dentro de la casa. Le pedí al hermano Liu que lo encendiera. Hoy planeo dormir afuera en el suelo, adentro hace mucho calor, dormir los tres juntos no es nada cómodo.

—A ver, ¿de quién es este papel que está sobre la mesa? —Chuntao la levantó entre sus manos.

—Hoy lo decidimos: vas a regresar al hermano Liu. Ese es el acuerdo que firmé con él —la voz venía desde la cama de ladrillo al interior de la alcoba.

—¡Oh! ¡Conque acordaron disponer de mí! Pero a mi ustedes no me van a ordenar —cogió el acuerdo y entró a la alcoba, se dirigió a Li Mao—. ¿Esta fue idea tuya o de él?

—Fue idea de los dos. Yo no estoy a gusto y él tampoco.

—Después de hablar tanto, siguen con lo mismo. No piense ninguno de los dos que soy su esposa, ¿entendieron?

Rompió el acuerdo con las manos, estaba de muy mal humor.

—¿Por cuánto me vendiste?

23 Lugares de recreo durante el verano.

—Anotamos que algunos *kuai* como un gesto simbólico. En realidad no hubo ganancia.

—¿Vender a una esposa es cuestión de ganancia? —salió y se dirigió a Xianggao—. Ahora tienes dinero, te puedes comprar una esposa. Si fueras un poco más rico…

—No digas eso, no digas eso —la interrumpió Xianggao—. Chuntao, tú no entiendes. Estos últimos dos días, todos nuestros compañeros de oficio se la han pasado burlándose de mí…

—¿Burlándose de qué?

—Se burlan de que…

Xianggao volvió a quedarse sin palabras. En realidad él tampoco tenía tantos prejuicios: respetaba lo que Chuntao quisiera hacer nueve de cada diez veces. Tampoco entendía muy bien ese poder que ella ejercía sobre él. A espaldas de Chuntao, él tenía su propia opinión sobre cómo debían hacerse las cosas y planeaba siempre hacerlas a su modo, pero en cuanto veía a Chuntao era como si viera a la emperatriz Dowager, y siempre terminaba acatando su decreto imperial.

—¡Oh! ¿Que sólo fuiste a la escuela un par de días? Todavía te da miedo que te insulten o que se burlen de ti.

Desde la antigüedad, parece que lo que siempre reina al final sobre los hombres no es el sabio con sus lecciones, sino el látigo con sus azotes y la lengua con sus insultos. Los usos y costumbres dependen de los golpes y los insultos para subsistir. Chuntao había aprendido desde hacía tiempo a responder un golpe con otro golpe o un insulto con otro insulto. Ella no era débil, no pegaba ni insultaba, pero tampoco dejaba que le pegaran ni la insultaran. Tan sólo escuchando la lección que le dio a Xianggao podemos darnos cuenta.

—Si alguien se burla de ti, ¿acaso no le puedes dar una tunda? ¿Por qué haces el ridículo? Lo que haya entre nosotros es asunto nuestro y de nadie más.

Xianggao se quedó sin palabras.

—No vuelvas a mencionar esto nunca más. Vamos a seguir viviendo los tres de esta forma, ¿está bien?

El silencio reinó en la habitación. Después de la comida, Xianggao y Chuntao se sentaron como siempre bajo el toldo de pepinos, pero no se mostraron tan conversadores como antes. Ni siquiera se pusieron a hablar del trabajo.

Li Mao llamó a Chuntao al interior de la alcoba, trato de persuadirla de que regresara con Xianggao. Le dijo que no comprendía lo que pasaba por la mente de un hombre, que ningún hombre quería ser un *tortugón* y robarle la esposa a otro hombre tampoco era una buena reputación. Se sacó de la cintura un papel rojo que ya se había vuelto café y se lo dio a Chuntao, le dijo:

—Esta es nuestra acta de bodas. Aquella noche en que salimos huyendo la tomé del altar y me la guardé entre la ropa. Ahora te la puedes llevar. Será como si no nos hubiéramos casado.

Chuntao tomó aquel papel sin decir palabra alguna, sólo se quedó viendo el viejo tapete sobre la cama de ladrillo. Se sentó como involuntariamente y se acercó a aquel minusválido. Dijo:

—Hermano Mao, yo no puedo aceptar esto, guárdalo de vuelta. Yo sigo siendo tu esposa. "Esposos de una noche, cien días de bendiciones". Yo no haré nada falto de virtud. Tú ahora ya no puedes caminar, yo tampoco puedo ignorarte así nada más. Si yo te rechazara, ¿acaso estaría siendo una buena persona?

Chuntao colocó el acta sobre la cama de ladrillo.

Al escuchar sus palabras, Li Mao se sintió muy conmovido. Le dijo a Chuntao en voz baja:

—Yo veo que tú lo quieres mucho, es mejor que vivas con él. En cuando haya un poco de dinero, me podrás mandar de vuelta a la aldea o bien, llevarme a algún asilo para lisiados.

—Siendo sinceros —Chuntao bajó la voz—. Estos últimos años él y yo hemos vivido igual que una pareja de esposos, hemos sido muy felices, nos ha ido muy bien; si él se fuera yo estaría muy triste. Mejor hay que invitarlo a que entre también a hablar con nosotros, a ver qué opina —se acercó a la ventana a llamarlo—. ¡Hermano Xiang! ¡Hermano Xiang!

No hubo respuesta. Cuando salió a asomarse, Xianggao ya no estaba. Esta era la primera vez que salía por la noche. Chuntao se quedó pasmada por un instante, luego dijo hacia el interior de la alcoba:

—¡Voy a buscarlo!

Pensó que Xianggao no podía haberse ido a otro lugar. Fue a la entrada del *hutong* a preguntarle al viejo Wu. El viejo Wu le dijo que fuera a ver a la avenida. Fue al lugar donde a menudo se iba a vender, pero tampoco lo encontró. Es muy fácil perder a las personas. En cuanto dejamos de verlas, pueden irse a los lugares más remotos y difíciles de encontrar. Chuntao regresó a casa con semblante abatido cuando ya estaba a punto de dar la una.

La luz de la lámpara en la alcoba ya se había extinguido.

—¿Ya te dormiste? ¿El hermano Xiang regresó o no?

Entró en la alcoba, sacó un cerillo y encendió la lámpara; la apuntó hacia la cama de ladrillo, alumbrándola, y vio que Li Mao se había colgado de la reja de la ventana con su propio cinturón. Aunque no pudo evitar sentir un miedo natural de mujer, enseguida se armó de valor y trepó por la ventana liberándolo. Por suerte no había pasado mucho tiempo y no fue necesario ir a alertar a nadie más. Sólo lo acarició lentamente hasta que poco a poco fue recuperando el conocimiento.

Sacrificar la propia vida por alguien es un acto heroico. Si las dos piernas de Li Mao aún existieran, quizás no hubiera recurrido a este medio. En los días recientes, él mismo pensaba que no le quedaba mucha esperanza, probablemente sería mejor sacrificarse para que Chuntao pudiera tener una buena vida. Aunque Chuntao no sentía amor hacia él, la invadía un sentido del deber muy grande.

Se quedó hablándole, consolándolo, hasta el amanecer. Él se quedó dormido. Chuntao bajó de la cama de ladrillo y vio que sobre el suelo yacían las cenizas y los restos de un papel, que reconoció como el acta de bodas que le había dado Li Mao. Se les quedó viendo fijamente, como si entrara en un trance.

Ese día no salió. Por la noche volvió a sentarse en la cama de ladrillo a hacerle compañía a Li Mao.

—¿Por qué lloras? —le preguntó Chuntao a Li Mao al ver que las lágrimas rodaban por sus mejillas.

—Siento que te he fallado. ¿Qué es lo que he venido a hacer aquí?

—Nadie te ha echado la culpa de nada.

—Ahora él se ha marchado, y a mí me faltan ambas piernas...

—No pienses así. Yo creo que él va a regresar.

—Espero que sea así.

Un día más pasó. Chuntao se levantó, caminó hasta el toldo de pepinos y arrancó un par para hacer de comer. Preparó con dejadez una gran torta y la llevó al interior de la alcoba, donde la comieron entre ambos.

Como todos los días, se puso el viejo sombrero y se echó al hombro la canasta.

—Hoy no estás muy contenta, no salgas —le dijo Li Mao desde el cuarto contiguo.

—Si me quedo sentada en casa me voy a deprimir más.

Cruzó la puerta, andando con pasos sosegados. Trabajar era su instinto natural, lo hacía aunque se sintiera triste. Las mujeres chinas parece que sólo entienden la vida, mas no entienden el amor. La vida era a lo que ella le ponía atención, mientras que el amor era sólo un sentimiento que hervía en medio de un corazón segado por la tristeza. Naturalmente, el amor es sólo un sentimiento, pero la vida es la realidad. Pasarse el día entero acostado entre cortinas de seda o sentado en medio de frondosos bosques contando de historias de amor, es asunto de emperatrices y presidentes. Chuntao no era una muchacha de la nobleza ni una de esas estudiantes extranjeras de ojos claros: ella no entendía de esas cosas, sólo le restaba quedarse confundida y estupefacta.

Deambulaba sin rumbo entre los *hutong*. El polvo infinito y el camino interminable oprimían a aquella mujer sumida en la tristeza. Gritaba: "Se cambia papel por cerillos". A veces se encontraba un montón de papel sin dueño en la calle y aun así no lo recogía; a veces le daba a la gente cinco cajas de cerillos cuando tenía que dar dos. El día transcurrió en medio del caos, regresó a casa caminando despacio, siguiendo a los cuervos en el cielo que sólo saben gritar y robar comida. Levantó la cabeza y vio la nueva placa de *hukou* pegada en la entrada- Decía que ahí vivía la señora Liu, esposa de Liu Xianggao: su corazón se entristeció aún más.

Cuando acababa de entrar al patio, Xianggao salió de prisa del cuarto. Ella abrió grandes los ojos y solamente dijo:

—Regresaste…

El resto de sus palabras las sustituyó con lágrimas.

—No te puedo dejar. Todo lo que tengo, tú me has ayudado a conseguirlo. Yo sé que necesitas mi ayuda. Tampoco soy tan despiadado.

En realidad había pasado ese par de días caminando a paso lento, sin saber qué rumbo tomar. Mientras caminaba, le parecía como si a sus pies estuvieran rodeados por una cadena, cuyo otro extremo llegaba hasta las manos de Chuntao. Además por todos lados veía el anuncio de cigarros de "Mejor él", haciendo que sus sentimientos se alteraran sin cesar. Ni siquiera notaba cuando le daba hambre.

—Ya me arreglé con el hermano Xiang. Él es el jefe de la casa, yo sólo soy el inquilino —dijo Li Mao.

Xianggao le ayudó a bajar la canasta como siempre y le secó a Chuntao las lágrimas del rostro. Aclaró:

—Si regresamos a la aldea, él será el jefe de la casa, yo seré el inquilino y tú serás nuestra esposa.

Chuntao no dijo nada. Entró directamente al cuarto, se quitó el sombrero y llevó a cabo su aseo personal cotidiano.

Se sentaron una vez más bajo el toldo de pepinos a discutir sobre el negocio. Quedaron de acuerdo en que después de vender aquellos papeles que habían sacado del templo, Xianggao podría poner un puesto en el mercado, o bien podrían mudarse los tres a una casa un poco más grande.

Dentro de la estancia, la llama de la lámpara hacía que los insectos se estrellaran. Li Mao se quedó dormido temprano, pues el río de plata ya había descendido.[24]

—Vámonos a dormir también nosotros —dijo la mujer.

—Acuéstate tú primero, enseguida te doy un masaje en las piernas.

---

24 "El río de plata" hace referencia a la Vía Láctea, conocida de esta forma en China desde la antigüedad, ya que se observa en medio de la noche como un gigantesco río plateado que atraviesa el cielo. Aquí se usa para indicar que ya estaba bien entrada la noche.

—No es necesario, hoy no camine mucho. Mañana hay que levantarnos temprano. Acuérdate de ir a hacer ese negocio, hace varios días que no vendemos.

—Hace rato se me olvidó darte algo. Hoy que regresé y vi que aún no habías vuelto, fui a propósito al puente y te compré un sombrero casi nuevo. ¡Mira!

Tomó el sombrero en la oscuridad para dárselo a Chuntao.

—¡¿Ahorita cómo lo voy a ver?! ¡Ya mañana me lo pongo!

Al patio lo envolvió un perfecto silencio. Sólo quedó el perfume de las azucenas flotando por el aire. Al interior de la alcoba podían escucharse voces quedas diciendo "esposa" y "que no me digas así, yo no soy tú esposa" y demás frases por el estilo.

Manos

De entre nuestras compañeras, nunca vi manos como esas: azules y negras pero a la vez moradas; cambiaban de color desde las uñas hasta arriba de las muñecas.

Cuando recién llegó, la llamábamos "engendro". Al salir de clase, cuando todas corrían por el salón, siempre le daban la vuelta. Pero nunca hubo nadie que preguntara acerca de sus manos.

Cuando las maestras pasaban lista, nosotros siempre estábamos que no nos aguantábamos, era imposible no reírse.

—Li Jie

—¡Presente!

—Zhang Chufang

—¡Presente!

—Xu Guizhen

—¡Presente!

De forma veloz y ordenada se paraba una y se sentaba la otra. Pero siempre que le llegaba el turno a Wang Yaming había que demorarse un poco.

—Wang Yaming, Wang Yaming...

—¡Te toca! —la urgía entonces alguna compañera. Sólo entonces se levantaba, colgaba muy rectas las manos, bajaba los hombros y decía mirando hacia el techo:

—¡Presente! ¡Presente! ¡Presente!

No importaba cuánto se burlaran de ella las compañeras, ella no se inmutaba en lo más mínimo, acomodaba la silla digna, y cuando parecía que habían pasado algunos minutos, por fin se sentaba.

Un día en clase de inglés, la maestra se rió tanto que tuvo que quitarse los anteojos para frotarse los ojos.

—La próxima ya no respondas *jei ar*, ¡con que digas "presente" basta!

Todos los de la clase se reían, el piso resonaba en toda el aula.

Al día siguiente en clase de inglés, le volvió a llegar el turno a Wang Yaming, y volvimos a escuchar el *jei ar, jei—ar.*

—¿Has estudiado inglés antes? —preguntó la maestra acomodándose los anteojos.

—¿Pues qué no así se dice en inglés? Estudiar, sí he estudiado, me enseñó un maestro que tenía granos en la cara… Lápiz se dice *pen sir,* pluma se dice *p'en.* Pero nunca aprendí *jei ar.*

—*Here* significa "aquí", repite: *¡Here! ¡Here!*

—*Sier, sier* —comenzaba entonces a decir. Esta pronunciación extraña ponía a toda la clase a temblar de risa. Pero Wang Yaming se sentaba serena y sus manos azuladas comenzaban a hojear el libro de texto. Además comenzaba a leer en voz baja:

—*Juat… iz… ar…*

En clase de matemáticas, cuando leía las operaciones le pasaba igual que en las demás clases.

—$2X+Y=\ldots X^2=\ldots$

En la mesa del desayuno, aquellas manos azuladas tomaban el pan, mientras ella seguía pensando en la clase de geografía:

—La plata mexicana… La provincia de Yunnan… Oh, el mármol de Yunnan.

Por las noches se escondía en el baño a leer y cerca del amanecer se movía al pie de las escaleras. Me la encontraba a menudo en cualquier rincón en el que hubiera al menos un poco de luz. Una madrugada en la que caía una gran nevada y de las ramas de los árboles colgaban tiras como de terciopelo blanco, al final del largo pasillo del dormitorio, parecía que alguien dormitaba contra el alféizar de la ventana.

—¿Quién eres? ¡En este lugar hace tanto frío!

Mis zapatos pegaron contra el suelo, produciendo un sonido hueco. Debido a que era domingo, toda la escuela se encontraba en una paz y tranquilidad excepcionales. Una parte de las estudiantes se maquillaba, la otra seguía dormida.

Aún no había llegado a su lado cuando vi cómo las páginas de aquel libro que yacía sobre sus rodillas eran volteadas por el viento.

—¿Quién eres? ¿Quién es estudia tanto en un domingo?

Justo iba a despertarla cuando vi aquellas manos azuladas.

—Wang Yaming, ay… Despierta… —no había yo terminado de decir su nombre, cuando ya sentía la boca adormecida y dura.

—Je Je… ¡Me quedé dormida! —cada que hablaba comenzaba a reírse obtusamente.

—*Juati… zzeis… ju… ar…* —comenzaba a leer, aun antes de haber encontrado las palabras en el libro.

—*Juati… zzeis…* ¡Qué difíciles son las palabras en inglés! No son como nuestras palabras chinas: con caracteres y radicales; estas están todas torcidas, como si una larga víbora te trepara por el cerebro: entre más trepa más te confunde, entre más trepa menos te acuerdas. El maestro de inglés dijo que no era difícil, que no era difícil. Yo veo que a ustedes tampoco se les hace difícil. Mi mente es tonta, las mentes de la gente del campo no son tan ágiles como las de ustedes. Mi papá es todavía peor que yo, me ha dicho que cuando era joven, tan sólo para aprenderse el carácter *wang*, se pasaba media comida memorizándolo y aun así no se lo aprendía. *Yu… a… yu… ar…*

Cuando terminó de hablar se puso de nuevo a leer las palabras sin coherencia. El molinete crujía en la pared. Pequeños copos de nieve entraban a ratos por la ventana, sobre el marco descansaban diminutas gotas de agua. Sus ojos se habían llenado de pequeñas líneas rojas: ávidas, dominantes, al igual que aquellas manos azuladas, luchaban por sus aspiraciones no realizadas.

Por las esquinas, por donde no había más que un poco de luz me la encontraba yo, como un ratón que mordisqueaba alguna cosa.

La primera vez que su papá vino a verla, le dijo que estaba más gorda:

—Caray, engordaste, aquí comes mejor que en tú propia casa, ¿verdad que sí? ¡Esfuérzate! Después de estudiar tres años tal vez no te vuelvas una sabia, pero al menos serás inteligente y entenderás el mundo.

No pasó una semana cuando todas en el salón ya habían aprendido a imitar al papá de Wang Yaming. La segunda vez que su papá vino a verla, ella le pidió un par de guantes.

—¡Toma de una vez este par! Tú que estás estudiando duro, si necesitas un par de guantes, ¿acaso no va a haber? Espera un poco, no te apresures... Si necesitas un unos guantes ponte estos, ¡ya es primavera! Yo no salgo muy seguido, el año que viene cuando llegue el invierno ya compraremos otros, ¿sí o no? ¡El año que viene! —gritaba en la puerta de la sala de visitas, alrededor ya se habían juntado hartos estudiantes, él siguió diciendo "el año que viene, el año que viene" y gritó algunas otras cosas:

—¡Tus tres hermanas pequeñas fueron a casa de tu tía de visita! ¡Se fueron por algunos días! Al cerdito le aumentamos la ración dos puños de frijol al día. Está más gordo de lo que lo has visto nunca, tiene las orejas puntiagudas, puntiagudas... Tu hermana mayor vino a casa y preparó dos tarros de cebolletas en vinagre...

Justo cuando comenzaba a sudar de tanto hablar, la directora llegó abriéndose paso entre la multitud.

—Por favor, pase a la sale de visitas y tome asiento...

—No es necesario, no es necesario, no le robo más tiempo, tampoco puedo seguir aquí, tengo que alcanzar el tren... Me voy de una vez, en la casa me esperan mis niños, no me quedo tranquilo... —tomó su sombrero de piel con la mano y le hizo una reverencia a la directora, de la cabeza le salió un poco de vapor. Empujó la puerta y salió. Parecía como si la directora lo hubiese corrido, entonces volvió a darse la vuelta y se quitó los guantes.

—Papá, tu llévatelos, en realidad no tiene sentido que yo use guantes.

Las manos de su padre también eran azuladas, sólo que eran más grandes y más oscuras que las de Wang Yaming.

En el cuarto de lectura, Wang Yaming me preguntó:

—Dime, ¿es verdad? ¿Si uno pasa y se sienta a hablar en la sala de visitas hay que dar dinero?

—¡Cómo se va a dar dinero! ¡Qué dinero se va a dar!

—Habla más bajo, te van escuchar y comenzarán de nuevo a burlarse —me dijo apuntando con la mano a los que leían los periódicos—. Eso dijo mi papá, dijo que en la sala de espera había acomodados una tetera y varios tazones. Si entraba, temía que uno de los trabajadores de la escuela le sirviera té, y que al servirle té tuviera entonces que dar dinero. Le dije que no había que dar pero no me creyó, me dijo que hasta en las posadas pequeñas, al entrar y tomar agua había que dar un poco de dinero, ya ni hablar de una escuela, pues ¡una escuela es un lugar tan grande!

La directora ya la había reprendido varias veces:

—Esas manos, ¿no te quedan limpias después de lavártelas? ¡Agrega más jabón! Lávatelas bien, échales agua caliente aunque te las quemes un poco. A la hora del calentamiento matutino, en el patio se levantan cientos de manos y todas son blancas, ¡solamente tú eres diferente! ¡Muy diferente! —la directora tocaba las manos azuladas de Wang Yaming con sus dedos anémicos y diáfanos como fósiles. Por la forma en que lo hacía, parecía que le daba miedo. Contenía un poco la respiración, como si tocara un pájaro negro ya muerto—. Ya se han desteñido bastante, al centro de la palma se alcanza a ver el color original de la piel. Están mucho mejor que cuando recién llegaste, en aquel tiempo sí que parecían manos de hierro… ¿Estás al corriente con tus clases? Esfuérzate un poco más, después ya no es necesario que hagas el calentamiento, los muros del colegio son muy bajos y en primavera andan muchos extranjeros paseando por ahí que a menudo se detienen frente al muro a mirar. Cuando tus manos ya se hayan desteñido por completo, ¡entonces ya podrás volver a participar en el calentamiento! —le dijo la directora y la hizo suspender el calentamiento.

—La le pedí a mi papá unos guantes, con que me ponga los guantes ya no se me verán las manos —dijo Wang Yaming mientras abría su mochila y sacaba de ella los guantes de su padre.

La directora se rio tanto que comenzó a toser, aquel rostro anémico se tornó rápidamente color rojo:

—¡No es necesario! Ya que el color no es uniforme, aunque te pongas los guantes seguirá sin ser uniforme.

La nieve del jardín se había derretido. El prefecto parecía tocar la campana aún más fuerte, los álamos tras la ventana comenzaban a echar retoños, el patio parecía que echaba humo, como si lo evaporara el Sol. A la hora del calentamiento matutino, el silbato del instructor resonaba en las lejanías, hacía eco con las casas que se ocultaban tras los matorrales al exterior del colegio.

Nosotros corríamos y brincábamos, ruidosas como una parvada de aves. El aroma dulce del viento nos hechizaba, soplaba desde las copas de los árboles mezclándose con el olor de los retoños. Las almas encerradas por el invierno se liberaban y extendían como flores de algodón.

Justo cuando había terminado el calentamiento, se escuchó de pronto a alguien gritar algo tras la ventana. Aquella voz parecía como si se montara al viento y se elevara hacia el cielo:

—¡Qué Sol tan calientito y agradable! ¿Tienen calor? ¿Tienen...? —detrás de los álamos que retoñaban, ahí estaba Wang Yaming en la ventana.

Cuando las hojas de los árboles ya habían terminado de crecer y todo el patio se había llenado de sombras, Wang Yaming fue adelgazando poco a poco. El borde de los ojos se le puso verde y las orejas se le adelgazaron, en cuanto a sus hombros, ya no mostraban la fuerza y dignidad de antes. Cuando aparecía por casualidad bajo la sombra de algún árbol, ese pecho que comenzaba a inflamarse me hacía pensar de inmediato en una persona enferma de los pulmones.

—La directora dice que sigo sin ponerme al corriente con las clases, y en verdad que no estoy al corriente. Si para fin de año sigo sin ponerme al corriente, ¡je je!, ¿en verdad tendré que repetir el año? —Aunque hablaba con esa risa obtusa de siempre sus manos pronto comenzaron a acoquinarse, la mano izquierda se ocultaba detrás de la espalda, la derecha formaba un pequeño bulto bajo la chaqueta.

Nosotros nunca la vimos llorar, pero aquel día en que el viento azotaba los álamos tras la ventana, de espaldas al salón y de espaldas a nosotros, lloró frente al viento. Esto sucedió después de que se fueran las visitas, Wang Yaming recogía sus lágrimas con esas manos que ya habían comenzado a desteñirse.

—¡Y todavía lloras! ¡¿Por qué lloras?! Llegan visitas y tú que no te escondes. Mira nada más, ¿quién es igual de raro que tú? Ya no digamos tus manos azules, mira tu uniforme, ¡ya casi se vuelve gris! El uniforme de todos los demás es azul, ¡quién te manda a ser tan rara! Tu ropa es tan vieja que el color ya no está parejo... No podemos romper las reglas del uniforme sólo por ti... —la directora torcía los labios mientras rasgaba el cuello de la blusa de Wang Yaming con sus dedos lívidos—. Te dije que bajaras al sótano y que esperaras hasta que se fueran las visitas para volver a subir, ¿quién te dijo que te pararas en el pasillo? Ponte a pensar, ¿creías que en el pasillo no te iban a ver? Y todavía te pones esos guantes tan grandes... —al decir esto, la directora pateó uno de los guantes que ya había caído al piso con sus zapatos de laca negra brillantes y puntiagudos.

—¿Tú crees que con que te pongas los guantes y te pares aquí ya todo va a estar muy bien? ¿Qué broma es ésta? —la directora pisó entonces el guante, al ver ese guante gordo como guante de cochero, no pudo contener la risa.

Lloró tanto Wang Yaming en aquella ocasión que pareció que hasta el viento cesó antes que su llanto.

Después de las vacaciones de verano, Wang Yaming volvió una vez más. El fin del verano era sencillamente igual de fresco que el otoño, y el Sol de antes del crepúsculo se extendía sobre el pavimento pintando las piedras de un rojo intenso. Estábamos en grupo comiendo fruta bajo los árboles a la entrada del colegio. En ese momento, un coche de caballos en el que iba sentada Wang Yaming llegó haciendo ruido por el lado de la Iglesia de San Nicolás.[1] En cuanto el coche se detuvo, ella bajó en perfecto silencio. Su padre cargaba el equipaje, ella cargaba su palangana y algunas otras pertenencias menores. Al subir por la escalera nos apartamos de inmediato, algunas dijeron "¡Llegaste! ¡Ya llegaste!", otras sólo se le quedaron viendo con la boca abierta.

En cuanto la toalla blanca que colgaba del cinturón de su padre ascendió temblando por la escalera, hubo quien dijo:

—¡¿Cómo?! ¿Regresó a su casa por un verano y las manos ya se le volvieron a poner negras? ¿Acaso no las trae del mismo color que el hierro?

---

1 La Iglesia de San Nicolás, conocida popularmente en chino como Lama Tai (喇嘛台) fue construida en 1900 en la provincia de Harbin, y fue destruida en 1966 durante la Revolución Cultural.

No fue hasta después del otoño, el día en que nos mudamos de dormitorio, que noté en verdad sus manos de hierro. Ya estaba medio dormida, pero podía escuchar el griterío en el cuarto de al lado:

—Yo no la quiero, yo no comparto cama con ella.

—Yo tampoco comparto cama con ella.

Por más que ponía atención no alcanzaba a escuchar nada con claridad, sólo oía las risas y el ruido que se mezclaban de forma difusa. Me desperté en medio de la noche y fui al pasillo a beber agua. Sobre la banca había dormida una persona. La reconocí de inmediato: era Wang Yaming. Sus dos negras manos le cubrían en rostro, la mitad de la colcha yacía en el suelo, la otra mitad le cubría los pies. Pensé que de seguro había vuelto a venir al pasillo en busca de un poco de luz para poder estudiar, pero a su lado no había ningún libro; además la rodeaban sus ropas y algunas de sus pertenencias.

Al día siguiente, la directora caminaba por delante de Wang Yaming con la nariz en alto. Estaba contando las camas, movía la fila de sábanas blancas y lisas con sus delgados dedos.

—A ver, en esta fila hay siete camas y sólo duermen ocho personas, pero ¡en esta otra hay seis camas y duermen nueve! —acomodó las colchas dándole espacio a Wang Yan Ming para que metiera la suya.

Wang Yaming extendió su colcha. Como estaba feliz, acomodaba la colcha mientras silbaba. Yo nunca había escuchado algo así, que alguien se pusiera a silbar en una escuela de mujeres.

Cuando terminó de acomodar la colcha, se sentó en la cama con la boca abierta, levantó ligeramente la quijada hacia delante, como si la paz y la serenidad la invadieran. La directora ya había bajado por la escalera, o quizás ya había abandonado el dormitorio y regresado a casa. Pero la anciana que era guardia en el dormitorio, una mujer cuyo pelo ya había perdido todo su brillo, andaba de un lado para otro arrastrando los pies:

—Yo digo que así tampoco se puede... No es higiénico, ha de tener bichos en el cuerpo, ¿así quién no la va a rehuir? —caminó algunos pasos más hacia una esquina. Parecía que sus pupilas blanquecinas me miraban mientras hablaba—. ¡Miren nada más esta colcha! ¡Huélanla nada más! Tiene olores por todos lados... ¡A la que se duerma junto a ella no le hará nada de gracia! Quién sabe... Los bichos igual y le trepan por todo el cuerpo, miren nada más: ¡Este algodón está más negro que nada!

La guardia con frecuencia hablaba de sus asuntos personales, cuando su esposo estudiaba en Japón ella también vivía en Japón, se podría decir que también era estudiante. Las compañeras le preguntaban:

—¿Y qué estudiaba?

—¡No había que estudiar nada en particular! Vivir en Japón, observar las costumbres de los japoneses, ¿que no es estudiar?

Siempre que hablaba decía cosas como "no es higiénico", "qué mugriento", "sucio"; además, a los piojos les decía "bichos".

—Si la persona es sucia, sus manos también son sucias.

Los hombros de la guardia eran muy anchos. Al decir esto los alzó muy alto a propósito, parecía que le hubiese pegado una corriente de aire frío.

—A este tipo de estudiante yo creo que la directora debería... En verdad que sobra, habría que...

Después del llamado para apagar las luces, la guardia aún seguía hablando con algunas alumnas en el pasillo.

Al tercer día, Wang Yaming caminaba de nuevo cargando sus ropas y arrastrando su equipaje. Por delante suyo iba la directora con su pálido rostro.

—¡Nosotras no la queremos! ¡Aquí ya hay suficiente gente!

Las uñas de la directora aún no habían siquiera tocado sus colchas cuando ya comenzaban a gritar, además cada que se cambiaba de fila también gritaban:

—¡Nosotras también ya tenemos suficiente gente! ¡No caben más! Nueve personas en seis camas, ¡¿acaso caben más?!

—Una, dos, tres, cuatro... —comenzó a contar la directora—. Aquí no hay suficientes, todavía cabe una más, en cuatro camas caben seis personas y aquí nada más hay cinco. ¡Wang Yaming!

—¡No! Ese lugar es de mi hermana menor que llega mañana...

Aquella compañera corrió hacia la cama y sujetó la colcha con la mano. Al final, la directora se la llevó a otro dormitorio.

—Tiene piojos, yo no duermo junto a ella...

—Yo tampoco duermo junto a ella…

—La colcha de Wang Yaming no tiene forro, se duerme con el algodón rozándole el cuerpo. ¿No me cree? ¡Vea usted misma directora!

Luego se comenzaron a burlar, incluso decían que les daban miedo las negras manos de Wang Yaming y por eso no se atrevían a acercársele.

Después, esas manos negras dormían en la banca del pasillo. Cuando me levantaba temprano, veía a Wang Yaming arrastrar su equipaje y bajarlo cargando por la escalera. A veces también me la encontraba en la bodega del sótano. Esto ocurría naturalmente por las noches, por lo tanto, cuando me hacía la conversación, yo miraba su sombra en la pared. Cada que se rascaba la cabeza con la mano, la sombra que proyectaba aquella mano en la pared se hacía del mismo color que su pelo.

—Ya me acostumbré, me da igual dormir en la banca, es igual que el suelo. Un lugar donde dormir es un lugar donde dormir, ¡¿qué importa si es bueno o malo?! Tengo que apurarme en la escuela… Mi inglés, no sé cuánto me vaya a poner la maestra Ma en el examen, si no alcanzo sesenta, ¿crees que me hagan repetir el año?

—No te preocupes, por una materia no te harán repetir el año —le dije.

—¡Mi papá ya me dijo! Tengo que graduarme en tres años. Si me quedo medio año más, él ya no puede pagarme la colegiatura… Esto del inglés, como que mi lengua no se enrosca. Je je…

Todos en el dormitorio ya estaban hartos de ella, aun cuando durmiera en el pasillo, porqué en la noche se la pasaba tosiendo… Además, comenzó a usar tintes para teñir sus calcetines y su chaqueta dentro del dormitorio.

—Cuando la ropa se pone vieja, con que uno la tiña queda más o menos como nueva. Por ejemplo, el uniforme de verano, si lo teñimos de gris podemos usarlo como uniforme de otoño… por ejemplo, también puede uno comprar calcetines blancos y teñirlos de negro, todo se puede…

—¿Y por qué no compras calcetines negros?

—Los calcetines negros los tiñen con máquinas, les ponen

demasiado alumbre... No son duraderos... Se rompen en cuanto te los pones... Son mejores los que tiñe mi familia... Un par de calcetines no es barato, cuesta varios *mao*[2]... Si se rompe, se rompe y ya, ¿acaso lo puedes seguir usando?

La noche del sábado las compañeras hirvieron un pollo en una pequeña olla de metal. Cada sábado era más o menos lo mismo, ponían manos a la obra y cocinaban alguna que otra cosa. Cuando el pollo estuvo listo, yo lo vi también, estaba negro. Pensé que lo habían envenenado. Aquella compañera que llevaba el pollo rugía tan fuerte que por poco se le caen los lentes:

—¡¿Quién hizo esta gracia?! ¡¿Quién?! ¡¿Quién fue?!

Wang Yaming caminó hacia la cocina de frente a ellas, se apretujó entre las demás, después dijo con su risa *jeje*:

—Fui yo, no sabía que iban a usar esta olla, la usé para teñir dos pares de calcetines... Jeje... Dejen que vaya a...

—¡¿Qué haces?! ¡¿A dónde vas...?!

—¡Voy a lavarla!

—¡¿Una olla en la que se tiñeron unos calcetines apestosos todavía se puede usar para hervir pollo?! ¿¡Crees que todavía la quiero?!

La olla resonaba en el suelo ante los espectadores. La gente gritaba, aquella compañera de los lentes tomó el negro pollo cual si fuese una piedra y lo lanzó con todas sus fuerzas contra el suelo.

Cuando todos se habían ido, Wang Yaming recogía los restos del pollo del suelo mientras hablaba sola:

—¡Ay! ¡Sólo teñí dos pares de calcetines y ya no quieren usar la olla! ¡¿Los calcetines nuevos cómo van a apestar?!

En invierno volvíamos del colegio al dormitorio en medio de la noche y la nieve, todas las pequeñas calles en nuestro camino siempre estaban repletas de nieve. Avanzábamos hacia delante, empujábamos, cuando el viento soplaba muy fuerte intentábamos rodearlo o caminábamos de lado. Por las mañanas había que salir muy temprano del dormitorio para ir al colegio. Los pies se nos congelaban

---

2 Unidad de medida que se emplea hasta la fecha en China, equivalente a diez centavos de un RMB. También se le llama *jiao*.

aunque corriéramos. Entonces tirábamos de maldiciones y groserías, había quienes incluso maldecían a la directora, decían que era una desgraciada por poner el dormitorio tan lejos de la escuela, o por hacer que las alumnas tuvieran que salir antes de que hubiera luz.

Algunos días me encontraba yo sola a Wang Yaming. El cielo y la nieve resplandecían a lo lejos, la luz de la Luna hacía que avanzáramos pisando nuestra propia sombra. No se veía nadie por las avenidas ni las callejuelas. El viento susurraba por entre las ramas de los árboles a lado del camino, también se escuchaba el resonar de la nieve en las ventanas. Nuestras voces al hablar se endurecían por la temperatura bajo cero. Cada que sentíamos que los labios se nos ponían igual de rígidos que las piernas, dejábamos de hablar, tan sólo escuchábamos el sonido de la nieve aplastarse bajo nuestras pisadas.

Presionaba el timbre de la puerta con la mano, las piernas parecía que querían separárseme del cuerpo, a cada rato sentía las rodillas flaquear como queriendo arrodillarse en el piso.

No recuerdo qué mañana, salí del dormitorio trayendo un par de novelas que aún no había leído bajo el brazo. Me di la vuelta y jalé la puerta de la reja. Pero tenía miedo. Entre más veía aquellas casas dispersas y lejanas que no se alcanzaban a observar con claridad, entre más escuchaba el sonido de la nieve sobre el viento, más temerosa me sentía. La luz de las estrellas era tan tenue que pensé que la Luna podía caerse en cualquier momento, o quedar enterrada bajo esas nubes grises como la tierra.

En cuanto recorría un tramo del sendero parecía que se aumentaba un tramo nuevo, esperaba que alguna persona se cruzara en mi camino, pero al mismo me daba miedo pensar en esa persona, porque en medio de una noche sin Luna, sólo se puede escuchar la voz más no se puede ver a la persona. En cuanto apareciera la silueta de alguien sería como si emergiera de la tierra.

Me paré en el umbral de la puerta del colegio, el corazón todavía no se me tranquilizaba, mi mano que presionaba el timbre parecía como si hubiera perdido toda su fuerza. De pronto alguien más se paró en el umbral:

—¿Quién es? ¿Quién?

—¡Yo! ¡Soy yo!

—¿Venías detrás de mí?

Como en el camino nunca escuché otras pisadas más que las mías, esto hizo que me asustara aún más.

—No, no venía detrás de ti, hace mucho que llegué. El prefecto no me abre la puerta, lo he estado llamando hace quién sabe cuánto tiempo.

—¿No tocaste el timbre?

—Tocar el timbre no sirve jeje, el prefecto prendió la luz, caminó hacia la entrada, se asomó a la ventana, pero al final no me abrió la puerta.

La luz de adentro se encendió de pronto, el prefecto abrió la puerta mientras mascullaba y maldecía:

—Tocando la puerta de madrugada... Si de todos modos vas a ser la última de la clase, ¿qué no da igual?

—¿Qué? ¿Qué dices? —todavía no terminaba yo de hablar cuando el prefecto ya había cambiado de actitud:

—Señorita Xiao, ¿es usted la que ha estado tocando la puerta todo este tiempo?

Wang Yaming y yo nos fuimos directo al sótano. Ella tosía, tenía el rostro tan demacrado que parecía que le habían salido arrugas, y no dejaba de temblar. Las lágrimas empujadas por el viento se habían detenido sobre su rostro, ella se dispuso a abrir su libro de texto.

—¿Por qué no te abría el prefecto? —le pregunté.

—¡Quién sabe! Dijo que había llegado demasiado temprano, que me regresara. Luego dijo que eran órdenes de la directora.

—¿Cuánto tiempo estuviste esperando?

—No fue tanto tiempo, sólo fue un rato, más o menos lo que toma una comida jeje...

Cuando leía en voz alta lo hacía del mismo modo en que acababa de hablar, parecía que la garganta se le fuera cerrando poco a poco, como que empezaba a mascullar, además de que sus hombros temblorosos también parecían contraerse y tensarse, la espalda se le arqueaba pero el pecho se mantenía recto.

Yo leía mi novela, la leía en voz muy baja pues temía perturbarla, sin embargo, esta era la primera vez que lo hacía, y tampoco sabía por qué era esta la primera vez.

Me preguntó que novela leía, y que si ya había leído "Romance de los Tres Reinos", a ratos tomaba los libros, miraba las portadas y los hojeaba.

—¡Quién como ustedes que son tan inteligentes! Ni siquiera necesitan estudiar, y no les dan ni tantito miedo los exámenes. Yo no puedo, también me gustaría descansar, leer otros libros… pero no se puede…

Un domingo en que el dormitorio se encontraba vacío, leía yo en voz alta el pasaje de "La Jungla" en que la obrera María se desmaya sobre la nieve, leía y miraba la nieve caer tras la ventana, me sentía muy conmovida. Wang Yaming se paró a mis espaldas sin que yo me diera cuenta.

—De los libros que ya hayas leído luego me prestas uno. Cuando nieva el clima se pone muy triste y aburrido, yo aquí no tengo familiares y en la calle no hay nada que comprar. Además, para salir hay que gastar dinero en el coche…

—¿Tu papá hace mucho que no viene a verte? —le dije pensando que extrañaba su casa.

—¡¿Cómo va a poder venir?! Sólo de la ida y la vuelta son más de dos *yuan*[3]… Además en casa no hay nadie…

Puse "La Jungla" en su mano, pues ya lo había leído.

Ella comenzó a reír, *jeje*, golpeteó un par de veces la orilla de la cama y se puso a examinar la portada. Después de que salió del cuarto escuché como, siguiendo mi ejemplo, comenzaba a leer la primera oración en voz muy alta desde el pasillo.

Después, no recuerdo qué día, quizás fue durante alguna festividad, el punto es que el dormitorio se hallaba vacío, y aun cuando la luz de la Luna comenzaba a alumbrar las ventanas, seguía en plena calma. Escuché ruidos extraños en la cabecera de la cama, como si alguien anduviera a tientas, levanté la cabeza y vi las negras manos de Wang Yaming bajo la luz de la Luna, mismas que colocaron el libro que le presté a mi lado.

3 El yuan (RMB), es la moneda oficial china.

—¿Está interesante? ¿Está bueno? —pregunté.

Al principio no me respondió, luego se cubrió el rostro con las manos, su cabello parecía que temblaba, dijo:

—Sí

Escuche que su voz también parecía temblar, así que me levanté y me senté en la cama. Sin embargo ella se fue corriendo, cubriéndose el rostro con esas manos que eran del mismo color que su pelo.

El largo pasillo se hallaba vacío y callado, yo miraba las líneas del piso sumergidas en la luz de la Luna.

—María se parece mucho a una persona que conozco. Se desmayó en la nieve, ¡espero que no se haya muerto! No se va a morir, ¿verdad?... Aquel doctor sabe que ella es pobre y por eso no la atendió... ¡Jeje! —su risa sonó muy aguda, sus lágrimas rodaron aprovechando el temblor que le ocasionó la risa—. Yo también fui en busca de un doctor cuando se enfermó mi mamá, aquel doctor, ¿tú crees que vino? Primero me pidió dinero para el coche, le dije que el dinero estaba en mi casa, ¡que primero se subiera al coche!, que mi mamá ya no podía más... ¿Tú crees que vino? Se paró al centro del patio y me dijo: "¿A qué se dedica tu familia? ¿Qué no tienen una tintorería?" No sé porque, pero en cuanto le dije que tenían una tintorería abrió la puerta y se metió a su oficina... Yo lo esperé, él no salía, toqué de nuevo la puerta, me dijo desde dentro: "No puedo ir a atender a tu mamá, ¡regrésate a tu casa!". Regresé a casa... —se frotó un par de veces los ojos y continuó—. Desde entonces me toca cuidar a mis dos hermanos y dos hermanas menores. Mi papá tiñe de negro y azul, mi hermana mayor teñía de rojo... El año en que se comprometió, al llegar el invierno, su suegra vino del campo a vivir con nosotros. En cuanto vio a mi hermana le dijo: "¡Ay! ¡Ay! ¡Qué manos de asesina!". Desde entonces mi papá dijo que ya no se podía que alguien tiñera solamente de rojo o de azul. Mis manos son negras, si te fijas bien. También tienen algo de morado. Mis dos hermanitas están igual.

—¿Tus hermanitas no fueron a la escuela?

—No, en el futuro yo les voy a enseñar, pero yo tampoco sé si he aprendido bien o no, si no he aprendido bien les voy a quedar muy mal... Teñir un tramo de tela no se paga a más de tres *mao*... ¿Cuántos tramos pueden llegar para teñir en un mes? La ropa se cobra a un *mao*, sin importar el tamaño de la prenda. Las que llegan casi siempre son grandes... Menos el dinero de los cerillos, menos el dinero de los tintes... ¡Así no sale mi colegiatura!... Todo es dinero que mi familia ha quitado de la mesa para dármelo a mí... Así ¿cómo no me voy a esforzar en mis estudios?, ¡¿cómo no me voy a esforzar?! —dijo y volvió a tomar el libro.

Yo seguía mirando las líneas del piso, pensando que sus lágrimas eran mucho más valiosas que mi compasión.

Antes de que llegaran las vacaciones de invierno, una mañana se hallaba Wang Yaming acomodando su maletín y sus pertenencias, su equipaje estaba amarrado ya, descansando al pie de una pared.

No hubo nadie que se despidiera de ella, ni nadie que le dijera siquiera un simple "adiós". Salimos una a una del dormitorio, pasando por la banca en la que Wang Yaming dormía por las noches. Ella nos sonreía a todos, también parecía que miraba a lo lejos por la ventana. Llenábamos el pasillo de ruido, bajamos por la escalera, atravesamos el patio, Wang Yaming nos alcanzó en la puerta de la reja, jadeaba con la boca abierta:

—Mi papá todavía no llega, estudiaré un par de clases más, una clase es una clase... —dijo como dirigiéndose a todos.

Este último par de clases la hicieron hasta sudar. En clase de inglés se la pasó anotando en su cuaderno todas las palabras del pizarrón. Al mismo tiempo que leía, anotaba incluso las palabras viejas que la profesora anotaba sólo por anotar y que ya no eran necesarias porque ya las sabíamos de memoria. En la segunda clase, que fue de geografía, puso harto empeño en reproducir el mapa que el maestro dibujó en el pizarrón; lo dibujó ella también en su cuaderno... era como si todo lo que pasara en este último día tuviera en su mente suma importancia y tuviera que dejar algún rastro en su memoria.

Cuando salimos de clase vi su cuaderno: todo lo había anotado mal, a las palabras en inglés a algunas les faltaban letras, a algunas les sobraban... Ya estaba muy nerviosa.

Por la noche tampoco vino por ella su papá. Volvió a extender su colcha sobre la banca del pasillo, esta fue la única vez que se durmió temprano, además de que su sueño se observaba más sereno que de costumbre. Su pelo yacía sobre la colcha y sus hombros se expandían ligeramente al ritmo de su respiración. En esta ocasión no había libros a sus costados.

Al amanecer, justo cuando la luz del Sol se detenía sobre las ramas temblorosas y cubiertas de nieve de los árboles, y los pájaros acababan de volar fuera de sus nidos, llegó su padre. Se detuvo al pie de las escaleras, bajó las grandes botas de nieve que traía cargando sobre los hombros, tomó la toalla blanca que le rodeaba el cuello y se limpió las barbas de escarcha.

—¿Saliste la última de la clase? ¿Saliste…?

La escarcha sobre el piso se había disuelto en diminutas gotas de agua.

—No, no hice el examen, la directora dijo que no tenía caso, que de todos modos no iba a pasar…

Su padre estaba parado al pie de las escaleras, de cara a la pared. La toalla blanca que colgaba de su cinturón ni siquiera se movía. Después de arrastrar su equipaje hasta el pie de las escaleras, Wang Yaming fue por su maletín, tomó su palangana y sus pertenencias y le devolvió los guantes a su padre.

—No me los des, ¡tú póntelos!

Las botas de su padre dejaron grandes rastros de lodo nada más moverse. Como era muy temprano, no había muchas compañeras que estuvieran de mironas. Wang Yaming se puso los guantes en medio de una risa muy queda.

—¡Ponte bien las botas! Ya que no has estudiado bien, por lo menos no te congeles los pies.

Su padre desató los cordones de ambas botas. Las botas le cubrían hasta las rodillas, Wang Yaming se veía igual que un cochero, un gorro blanco le cubría la cabeza.

—Lo volveré a intentar, me llevaré los libros a casa y los volveré a leer. Jeje… —dijo dirigiéndose quién sabe a quién. Levantó el maletín y le preguntó a su padre:

—¿El coche que llamaste está afuera?

—¿Coche? ¿Cuál coche? Vámonos caminando a la estación… Yo te cargo el equipaje…

Las botas de Wang Yaming pegaban contra las escaleras. Su padre caminaba por delante. Sus manos, que habían cambiado de color, sostenían de una esquina el equipaje.

La sombra de esos brotes que barría el Sol de la mañana brincó por enfrente de ellos y se trepó primero a la gran puerta de madera. Desde la ventana sus siluetas se veían igual de difusas que aquella sombra, todavía se les alcanzaba a ver pero ya no se alcanzaba a oír ni un pequeño rastro de sus voces.

Al cruzar la puerta, salieron con rumbo a esas lejanías que se perdían entre el Sol de la mañana. La nieve parecía vidrio pulverizado y su brillo era más potente entre más lejano. Me quedé mirando hasta que aquellos lejanos campos de nieve hicieron arder mis ojos.

Noche en el establo

Para cuando vio el collar de cascabeles de bronce colgando del cuello del caballo, los ojos se le habían cegado del aturdimiento. No distinguía que el que estaba montado en el caballo era justamente su compañero de juventud.

Diez años atrás, Feng Shan aún podía considerarse un viejo cazador, aunque ahora sólo se sentaba en el establo a desollar liebres con detenimiento. Los ciervos y corzos eran bestias que habían escaseado en los últimos años: sólo las libres caían a diario y sin parar en sus manos. A menudo, ponía de lado el cuchillo y conversaba con las liebres desolladas:

—Con esta técnica de tiro, ¡¿aún se les puede llamar cazadores?! Aquí justo donde está gruesa la carne, aquí disparan... ¿A eso se le llama cazar? ¡Que se va a llamar cazar! A eso se le llama desperdiciar carne... Le disparan justo en las nalgas...

—Aquel que sabe cazar libres les tira a las piernas... Yang Laosan, ese sí que sabía... En verdad era único... No salpicaba ni un poquito de sangre... Ese sí que era bueno... Pegaba un tiro certero, les era imposible escapar...

Al mencionar a Yang Laosan hizo una pausa, luego continuó:

—¡Yo también estuve a un pelo! Hasta el más audaz de los cazadores teme quebrar la ley. El año en que Yang Laosan se volvió bandido, yo tenía apenas veintitrés años y en verdad que estuve a un grano de ajonjolí... De no haber sido por el patrón Wu, no hubiera llegado hasta el día de hoy. En repetidas ocasiones tuve ganas de ir... El patrón Wu me persuadió: "¡Mejor sigue trabajando! Vive de tu sueldo, no importa que ganes poco". Estaba jovencito... Volverse bandido era el último camino cuando no había escapatoria. De no ser por el patrón Wu en verdad lo hubiera hecho. De aquel grupo de jóvenes, al día de hoy temo que sólo quedamos el patrón y yo. En aquellos días él abrió una destilería... Ahora que lo pienso, ya van más de treinta años que no lo veo… — tomó una libre, hizo un corte en el hígado y comenzó a pelar la piel —¡¿Qué carajo es esto?! ¡Me lleva! Ya se me quitaron las ganas de pelarlas…

Arrastró el banco y se sentó a fumar en el umbral de la puerta. La nieve flotaba en el aire al crepúsculo, no se alcanzaba a ver nada. Con una mano acariciaba sus largas y gruesas botas, con la otra sostenía su pipa.

Un viejo cargador de leña que pasó a su lado le dijo:

—Viejo Feng, ¿andas bebiendo el viento del noroeste?[1]

Un niño con los pies congelados que le ayudaba al cocinero a quemar la leña le dijo:

—Abuelo Feng, qué día tan frío, siéntase las barbas y verá que hasta tiene escarcha.

Feng Shan era de anchos hombros y gran altura, cuando se paraba casi tocaba las tejas del techo. Estaba sentado dentro del establo en su lugar de siempre, a su izquierda había una banca de madera donde acomodaba las liebres que ya había terminado de desollar; a su derecha pendían las pieles, colgadas de clavos en la pared. Reanudó su trabajo y esta vez ya no dijo nada. Trabajó hasta entrada la noche y luego se quedó dormido en su cama de ladrillo.[2] Si alguien le preguntaba: "Abuelo Feng, ¿toma alcohol?", él tan sólo negaba con la cabeza, ni siquiera decía un "no". Además, cuando negaba con la cabeza, se alcanzaban a ver sus dientes apretarse con fuerza dentro de su boca.

Antes del cantar de los gallos, a los perros de caza les colgaban cascabeles en el cuello; desde lejos podía escucharse su trapalear subiendo al altiplano. Aquel sonido de los cascabeles, parecía que se extendía atravesando la aldea, atravesando los bosques, atravesando la ladera, llegando a los lugares más remotos.

Feng Shan se acariciaba las barbas. Separó ligeramente la cabeza de la almohada y escuchó con atención:

---

1 "Beber el viento del noroeste" significa pasarla mal y no tener que comer.

2 La cama de ladrillo o *kang*, es una plataforma multiusos característica de las casas del norte de China, bajo la cual puede meterse carbón encendido para calentarla durante el invierno.

—Más de medio *li*[3] de camino…

Encendió su pipa. El sonido de los cascabeles aún no se apagaba por completo.

—Sí… ¡Quizás se fue a su aldea! Sí… Tal vez se detuvo a la entrada del río Bai, ¡sí!... El río Bai…

Sintió un temblor, así que metió ambos brazos bajo la cobija. La pipa descansó horizontalmente junto a la almohada. Fumaba con calma, el tabaco encendido creaba una luz tenue y roja. El tubo de la pipa llevaba ya varios días sin enjuagar; emitía un silbido suave, como el canto de un pájaro. Cuando aspiraba con fuerza, sonaba como una paloma durmiendo sobre las vigas del tejado… uh… uh… uh…

Si se despertaba cuando los demás se alistaban para salir, decía:

—Con cuidado, que no se les olviden las provisiones, los hombres como sea pueden aguantar un rato, los perros para nada… En cuanto les da hambre necesitan comer, no importa que sea aves silvestres, no importa que sea conejos. Y quién sabe, si a los hombres se les vacía el estómago es hasta peor, caminan unos cuantos pasos y el cuerpo se les empapa de sudor, unos cuantos pasos más y ya no aguantan… Me temo que si se encuentran un lobo no hay forma de escapar…

Si se despertaba y sólo veía las botas que se habían cambiado los que se fueron, y ya ni siquiera escuchaba el sonido de los cascabeles, entonces se sentía profundamente solo, como si hubiese sido abandonado por los demás.

Esa noche no es como si no hubiera escuchado siquiera el sonido de los cascabeles, pero aun así, sin motivo aparente, su resonar en el altiplano le despertó un sentimiento de soledad. Lo que pasaba por la mente de Feng Shan era: un lugar lejano, la montaña, el río… el bosque… el sonido de un disparo… Pensó en Yang Laosan, pensó en aquellos compañeros de su juventud:

"Ya sólo queda el patrón Wu… Ahora que lo pienso…"

Cuando recargó la pipa, el ruido de los cascabeles cesó por

3 Unidad de medida equivalente a medio kilómetro.

completo.

"¡Sí! ¡Quizás cruzaron el río Bai!..." pensó, pues no se imaginaba las huellas de los perros de caza en el altiplano oscuro.

"Hace casi cuarenta años que no lo veo, temo que tal vez ya no lo reconozca...", volvió a acariciarse las barbas sin darse cuenta, se frotó los ojos y la nariz.

El sonido de la pipa lo acompañaba en aquella fantasía, con un silbido suave e intermitente. Su barba blanca y suave como terciopelo se apoyó en la cobija.

Una mañana de marzo, Feng Shan abrió la puerta del establo, quebrando en el acto algunos carámbanos que pendían de las tejas del techo. Se dio cuenta de que no habían amarrado a los perros, corrían con desparpajo por la llanura, los niños también bramaban libres por el llano.

Corrió arrastrando las botas hacía la llanura. Quería preguntarles a los niños si era cierto o no que el patrón Wu iba a venir. ¿O sería que el mocoso de Ma Guan le había mentido?

El río Bai fluía horizontal frente a él. De pie junto al río, varias veces le dieron ganas de correr hacia abajo. Aquellos témpanos de hielo, aquellos trozos grises y brillantes que tronaban al pisarlos, le hicieron cuestionarse: "¿No habrá sido enterrado por el río?".

Al llegar a la llanura, agarró de improviso a una niña que se hacía una trenza, mientras los demás niños jugaban a lanzar monedas de cobre contra el piso helado, derritiendo la nieve.

—¿El pequeño Wu va a venir? ¿Cuándo llega? ¿Ma Guan no mintió? —"Pequeño Wu" era el apodo que tenía el patrón Wu cuando eran niños.

—¡¿Qué hace, abuelo Feng?!... ¡Ya me pisoteo la línea! —La niña se zafó de un empujón, se fue brincando con un solo pie a recoger sus monedas del piso.

—Cuando regreses a casa pregúntale a tu mamá si el patrón Wu va a venir, pregúntale cuando viene. Tu papá es jala-coches, a menudo viaja hacia el norte, tal vez él sabe.

Cuando volvió de la llanura, ni siquiera él mismo sabía por qué durante todo el camino había estado viendo hacía el norte. Aquellos pequeños montes se apilaban unos sobre otros. Tras los montes, las nubes inundaban el mundo; aunque quisiera, no podía mirar aquellas lejanías que yacían tras las montañas, pues la cordillera le tapaba la vista. Aun cuando no hubiera montañas, sus ojos no alcanzaban a ver tan lejos. Por lo tanto se ponía a pensar en abrir un camino que llegara hacia el norte. Hacía muchos años, varias décadas, que se había separado del pequeño Wu. No había vuelto a ir hacia el norte. Aquel camino... Sí... Debía ya de haber cambiado...

Llevaba en la mano su gorro. Poco a poco, cruzó de rodillas el río Bai, el río congelado que gruñía por debajo. Se dijo a sí mismo:

—Los gansos ya vienen, el río se abrirá pronto.

Era una tarde ventosa. Feng Shan miraba el cielo amarillo reluciente.

Ma Guan iba acarreando algunos caballos y se lo encontró bajo las tejas:

—¿Todavía no me cree? Vaya al patio a preguntar. El patrón Wu, si no es que llega mañana al medio día, téngalo por seguro que llega para la cena...

Montado al caballo, levantaba alta la mano derecha cuando por el arco de la entrada cruzó un jinete. Aunado a al movimiento ondulante de la manga de Ma Guan, Feng Shan sintió como algo se rompía en su interior.

—Pequeño mentiroso, ¿no me engañas? Eres un diablillo, de todo lo que me dices, siempre te creo sólo la mitad...

Feng Shan avanzó con dirección al arco de la entrada y cuando ya había avanzado un tramo volvió a decir:

—Pequeño diablillo mentiroso... El patrón Wu, ¡que va a venir!, ya tendrá sesenta años... Salir de casa tampoco ha de resultarle tan fácil...

Volvió la cabeza y vio a Ma Guan irse cabalgando sin volver la vista siquiera. Feng Shan también comenzó a cabalgar. "¿Será cierto? ¿Mañana ya llegará?" Cabalgaba y sentía como el viento le obstruía las rodillas como el oleaje del mar.

Primero, le preguntó al patrón Shao, el patrón Shao dijo:

—Sí, viene.

Después fue a preguntarle al viejo que tiraba el agua sucia, él también dijo:

—Sí.

Pero aún tenía sus dudas. "Esta ha de ser una broma que me están jugando". Por lo tanto fue a preguntarle al mozo de cuadra que manejaba los trineos.

—Li Shandong, me han dicho... El patrón Wu, el del norte, llega mañana pero ¿será cierto? ¿Tú también has escuchado a las señoras decirlo?

—Yo no sé de esas cosas.

Usaba una escoba grande para barrer los restos de hojarasca del trineo, los cuales se mezclaban con el viento clavándosele en la cara.

Feng Shan pensó: "Este trineo tal vez vaya hacia la ciudad". Pero ahí lo dejó, quería ir a preguntarle a ese grupo ruidoso que daba de beber a los caballos a un costado del pozo. Cuando se acercaba hacía la manada de caballos, escuchó al cocinero Feng llamarle desde algún lugar:

—¡Abuelo Feng! ¡Abuelo Feng!... ¡Su viejo amigo ya llega mañana!

Se dio la vuelta, se apresuró entre la manada de caballos, vio como los caballos le obstruían el paso como si fueran centenares.

—¿Es verdad, cocinero Feng? ¡¿Aquel mensajero ya llegó?!

—¡Ya llegó! ¡Ahí está! ¡Está comiendo en la sala principal!

Feng Shan tocó en la puerta de la cocina y metió su pipa en la bolsa para tabaco pues quería darle a probar al cocinero Feng unas fumadas. Se le figuró que las barbas del cocinero Feng lucían más solemnes de lo normal.

"Esta es una persona honesta, no juega bromas a la ligera"...

Encendió un cerillo y después otro.

El viento estrellaba la nieve contra la ventana y la hacía tronar. En ese momento entraron a la cocina y se sentaron en una banca junto a la pared. Feng Shan quería preguntarle al cocinero Feng si el patrón Wu acampaba esa noche al este o al oeste del río, entonces escuchó que en la entrada de la sala principal había alguien que llamaba al cocinero Feng con motivo de aquel mensajero:

—Cocinero Feng, ¡venga a calentar el alcohol!

Feng Shan buscaba ponerse al frente del grupo de niños, subía la mano derecha a la altura de las cejas y observaba a lo lejos. Aunque sus barbas temblaban, cuando hacía eso parecía un niño más.

Llegado el mediodía, hasta las mujeres de los patrones habían subido a lo alto de la colina. A los pies de la colina se encontraba el camino grande, en cuanto algún coche o caballo diera vuelta a aquellas montañas, no le restaría más de medio *li* de camino para llegar al pie de los presentes. Todos miraban fijamente aquel camino blanquecino que venía de las montañas. Feng Shan observaba fijamente las montañas y también el Sol. La vista por fin comenzó a volvérsele borrosa, en cuanto alzaba la cabeza le parecía que aquel Sol se convertía en un sinfín de Soles. La vista se le cegaba, parecía como si aquel camino de las montañas desapareciera ante él. El Sol se iba acercando más a las montañas, y se ponía cada vez más grande y más rojo, como una gran olla descansando sobre la cima del monte. Miró a las montañas y vio en seguida ese Sol grande y rojo, y luego ya ni las montañas pudo ver. Entonces bajó la cabeza, y jalándolo de un extremo, se froto los ojos con su cinturón de trapo.

Los niños comenzaron a decir:

—¡El abuelo Feng está llorando! ¡El abuelo Feng está llorando!

Bajó el cinturón de trapo en seguida para mostrarle a los niños:

—¡Qué voy a estar llorando!... Se me calentaron los ojos…

De las montañas surgieron dos coches seguidos de un jinete.

—¡Ya llegó! ¡Ya llegó!... Viene en un caballo negro…

—Sí, es él, es él, ¿los que lo fueron a recibir qué no fueron esos dos coches?

—Sí… Sí…

Algunos de los niños bajaron de la colina y se incorporaron corriendo al camino. Parecía que las barbas de Feng Shan se mezclaban con destellos de luz dorada. Se apoyó en el hombro de uno de los niños, como queriendo estirarse un poco más:

—¿Por dónde viene? ¿Por dónde…?

—Ya cruzó el puente Tai Ping —dijo alguien.

—No... Eso que se ve ahí, ¿que no es una hilera de arbustos? Y detrás de los arbustos, ¿que no está la colina de Jing Jia? La colina de Jing Jia está del lado del puente —repuso alguien más.

—Cruzar la colina de Jing Jia no le lleva a uno ni dos fumadas.

Se alcanzaba a ver que el jinete del caballo negro llevaba puesta una capucha amarillo terroso, además de que se iba separando poco a poco de los dos coches y tomando la delantera. También alcanzaba a escucharse el sonido de los cascabeles que colgaban del cuello del caballo.

Feng Shan se cubría las cejas con ambas manos, para cuando vio el collar de cascabeles de bronce colgando del cuello del caballo, los ojos se le habían cegado del aturdimiento, no distinguía ya que el que estaba montado al caballo era justamente su compañero de juventud.

Dio un paso al frente, luego otro más, ya había bajado de la colina. Se acercó, le ajustó la brida al caballo, luego dijo:

—Viejo Wu... —y después ya no dijo más.

El Sol del oeste reposaba sobre la cima del monte, dibujado la silueta de una media olla. En medio del tumulto, Feng Shan, algunos niños y el patrón Wu, entraron a la sala principal.

Cuando comenzaron a beber licor, él y el patrón Wu estaban sentados uno frente al otro, hablaban sobre en qué año había muerto Yang Laosan, en qué año había muerto Dan Mingde... También Zhang Guoguang... Esos eran todos compañeros suyos de juventud. Cuando ya había bebido un poco más de la cuenta, a Feng Shan le dieron ganas de contarle sobre aquella viuda a la que había seducido en cierto año, pero al ver a las mujeres y las hijas del patrón paradas alrededor, sintió que no sería muy apropiado decirlo.

La noche en que el patrón Wu se fue, pareció que a Feng Shan sólo se le quedó grabada en la memoria aquella silla de montar roja, aquella capucha amarillo terroso. No fue hasta que lo acompañó a que cruzara el puente Taiping Gou, que se dio cuenta de que todas las que se hallaban ahí paradas eran mujeres o hijas de los patrones... Se arrepintió en ese momento de no tener familia él mismo.

Ese olor característico del interior del establo, comenzaba a volver lentamente al llegar la primavera. Aquella noche soplaba un vendaval furioso, se escuchaba el resonar de la llanura en las cercanías... Feng Shan se sintió de nuevo como si hubiese sido abandonado por los demás, como cuando en su juventud salía a cazar y se perdía en la llanura.

Le pareció oír cómo de entre la gente que despedía al caballo, alguien gritaba:

—¡Ay! ¡Oh!... Llega el invierno largo al río Bai... ¡Ey! ¡Oh!... Llega el invierno largo al río Bai...

Vio a Ma Guan alimentando a los caballos y le gritó:

—Caliéntale a este viejo Feng un par de tazas de licor.

Para cuando éste le trajo el licor, se le habían quitado de pronto las ganas de beber, mas de ese par de cuencas hundidas de sus ojos, manaron serenamente dos lágrimas solitarias.

Anexo

Lu Xun

Lu Xun (1881-1936), cuyo nombre original era Zhou Shuren, es considerado el padre de la literatura moderna china. Nacido en Shaoxing, Zhejiang, en el seno de una familia de terratenientes y oficiales venida a menos, fue testigo durante su infancia del proceso de declive que experimentó su familia, incluyendo el encarcelamiento de su abuelo y la muerte de su padre, lo cual influyó de manera radical en su visión del mundo.

En 1898, con dieciocho años de edad, abandonó su pueblo natal para estudiar matemáticas, física, química y biología, siendo fuertemente influenciado por la teoría de la selección natural de Darwin.

En 1902 llegó a Japón con la intención original de estudiar medicina; sin embargo, tras varios de estudio, decidió abandonar la carrera para dedicarse de lleno a la literatura, pues se le reveló que aquello que necesitaba auxilio urgente era la salud psíquica del pueblo chino, más que la física. Por lo tanto, regresó a China en 1909 para dar inicio a su quehacer literario.

Se destacó por sus críticas a la cultura china tradicional y por su defensa de la necesidad de llevar a cabo una transformación integral de la sociedad de la época. Sus relatos se desarrollan principalmente en la China rural de principios del siglo XX.

Yu Dafu

Yu Dafu (1896-1945) nació en Fuyang, Zhejinag, bajo el nombre de Yu Wen. Perdió a su padre a la edad de tres años, época durante la cual su familia cayó hundida en la pobreza. Desde pequeño mostró aptitudes para la literatura, comenzando a escribir y publicando poemas de estructura clásica desde 1911. En 1913 viajó a Japón, donde se dedicó al estudió de la medicina, las leyes y la economía, entre otras áreas de conocimiento. En 1914 escribió sus primeros relatos cortos y en 1921 se involucró en diversas actividades literarias dentro de Japón junto con otros escritores chinos como Guo Moruo y Cheng Fangwu.

En 1937, después de que estallara la guerra de resistencia contra la invasión japonesa, Yu Dafu participó activamente en la publicación de diversos medios de resistencia. En 1938 llegó a Singapur, donde continuó con dichas actividades. Finalmente fue exiliado a Sumatra, en donde fue forzado a servir como intérprete a las tropas japonesas, y en donde finalmente, en agosto de 1945, se le perdió el rastro. Se estima que fue fusilado por el ejército japonés.

La obra de Yu Dafu fue considerada por los críticos de la época como iconoclasta y controvertida por abordar temas hasta entonces considerados tabú. Sus relatos, en buena medida autobiográficos, se desenvuelven principalmente en las zonas marginadas de las ciudades chinas de los años veinte. El sexo, las parafilias, las obsesiones y la frustración son temas recurrentes dentro de los mismos.

Xu Dishan

Xu Dishan (1843-1941) nació en Taiwan y se mudó junto con su padre a la provincia de Fujian cuando tenía tres años. En 1913 viajó a Birmania para trabajar como profesor, estableciendo así sus primeros contactos con el budismo. A lo largo de su vida, estudió y trabajó en distintas universidades en China, Estados Unidos e Inglaterra. Fue un gran estudioso de la literatura hindú y de la religión budista, las cuales influyeron en gran medida en muchas de sus obras. Destacó por ser uno de los primeros escritores en reivindicar por medio de sus relatos el papel de la mujer en la transformación de la sociedad china.

Xiao Hong

Xiao Hong (1911- 1942). Escritora y poetisa originaria del noreste de China. Vivió una vida itinerante y murió en un Hong Kong ocupado por los japoneses a la corta edad de treinta años. Su carrera literaria duró menos de una década pero su obra sentó un precedente innegable para las futuras generaciones de escritores chinos. Un tema central en su obra es el destino de la mujer dentro del sistema patriarcal chino.

Sobre el traductor:

Alonso Coronado nació en la Ciudad de México y viajó a China por primera vez a la edad de dieciocho años. Actualmente es becario del Consejo de Becas de China (CSC), y cursa el cuarto año de la Licenciatura en Lengua y Cultura Chinas en la Universidad Normal de Pekín. Le han sido otorgados diferentes reconocimientos debido a su dominio del idioma chino, como la Medalla a la Excelencia Académica de la Universidad de Pekín.

Índice

Kong Yiji 7

Ofrenda 15

Diario de un loco 35

Hundirse 49

Noches de embriaguez primaveral 87

La araña y su telaraña 103

Chuntao 127

Manos 155

Noche en el establo 173

Anexo (fichas) 183

Antología breve del cuento moderno chino
de A.A.V.V.
Traducción de Alonso Coronado
terminó de imprimirse en diciembre del 2015
en los Estados Unidos de América,
la edición estuvo a cargo de Casa Editorial Abismos.
El tiraje fue de 1000 ejemplares.

Made in the USA
Las Vegas, NV
09 June 2026

48432232R00111